2030

데이터 리터러시
레볼루션

2030

데이터 리터러시
레볼루션

Data Literacy

이재원 지음

누구나 데이터를 분석하고 활용할 줄 알아야 한다

−이석준, NH농협금융지주회장

최근 챗GPT 돌풍이 불고 있다. 오픈AI가 만든 대화형 인공지능 챗GPT는 공개한 지 2개월 만에 하루 사용자 수 1,000만 명에 월 사용자 수는 1억 명이나 된다고 한다. 아직 답변이 어설프고 오류가 있기는 하나 챗GPT가 인류 사회 전반에 대변혁을 가져올 것으로 예상하는 사람들이 많다.

이러한 인공지능 기술의 획기적인 발전은 당연히 분석하고 학습해서 결정하도록 하는 데이터 덕분이다. 이제 기업들도 다양한 데이터를 활용해 고객의 취향과 선호도 등을 파악하고 맞춤형 상품과 서비스를 적기에 제공해야 하는 무한 경쟁 시대에 돌입했다. 따라서 데이터를 어떻게 잘 수집하고 분석하고 활용해서 얼마나 초개인화된 상품과 서비스를 제공하느냐가 기업의 핵심 경쟁력이 됐다. 이를 위해 많은 기업이 데이터 분석 전문가를 대규모로 채용하고 전담부서를 두어 분석 범위의 확대와 분석 기법의 발전을 위해 고군분투하고 있다.

그런데 전문가 중심의 데이터 분석 시대도 전환점을 맞고 있다. 데이터 활용은 이제 고객의 문제를 신속히 해결해야 할 고객 접점과 현업으로 확장돼야 한다. 전문가들이 현업을 잘 모르는 상태에서 좋은 분석과 예측이 나올 수 없다. 모든 것을 전문가가 다 해줄 수도 없다. 이제 데이터 활용 능력은 모든 직원이 갖춰야 할 언어라고 말해도 지나치지 않다.

초개인화 시대에 기업들은 데이터 활용 능력을 높임으로써 궁극적으로는 고객에게 맞춤형 상품과 서비스를 제공해 고객경험을 혁신할 수 있어야 한다. 나아가 질병과 재난을 예방하는 등 공익 목적으로도 활용 범위를 더욱 넓혀야 할 것이다. 조직의 데이터 활용 능력을 높이기 위해서는 변화를 가로막는 각종 장애 요인을 제거하고 데이터 중심의 문화를 구축하도록 더욱 큰 노력을 기울여야 하겠다.

이 책은 그동안 감이나 경험에 의존해오던 조직 혹은 전담부서 중심으로만 데이터 경영을 해오던 기업들에 많은 시사점을 던질 것이다. 또한 모든 직원의 데이터 활용 능력을 높이고 조직 전반에 데이터 기반 의사결정 문화를 구축하는 것이 무엇보다도 시급한 일임을 다시 한번 깨닫게 해준다. 이 책은 데이터 분석과 활용이라는 어려운 주제를 다양한 사례를 통해 누구나 이해하기 쉽게 썼다. 모든 경영자, 직원, 일반인이 꼭 읽어볼 것을 추천드린다.

데이터 리터러시가 국가 간 기업 간 격차를 만들 것이다
−윤혜정, 한국데이터산업진흥원장

4차 산업혁명 와중에 들이닥친 코로나19의 확산을 방지하기 위해 대면 접촉이 금지되고 기피되면서 사회적 단절을 극복하고자 디지털 기술 활용이 더욱 확대되고 있다. 역설적으로 코로나 팬데믹이 전 세계적으로 사회 전반에 걸쳐 디지털 대변혁의 기폭제 역할을 했다. 따라서 코로나19로 인한 위기 속에서도 디지털 전환이라는 기회를 어떻게 전략적으로 대응하느냐에 따라 향후 국가 간 기업 간 격차가 더욱 커질 것이 분명하다.

주지하다시피 디지털 전환에서 가장 핵심은 데이터이며 어떻게 활용하느냐가 비대면 뉴노멀 시대의 경쟁력이다. 기업에서는 데이터를 활용해 다음의 3가지를 해야 한다. 첫째는 데이터 레버리지 Data Leverage로 기존 산업에 데이터를 접목해 경쟁력을 높여야 한다. 둘째는 데이터 수익화Data Monetization로 데이터를 활용해 다양한 비즈니스 모델을 만들어야 한다. 셋째는 데이터 이니셔티브Data

Initiative로 공공 데이터와 연계해 감염병 확산을 방지하는 등 기업 여건에 맞게 사회에 공헌해야 한다. 하지만 엄청난 데이터를 보유하고도 제대로 활용하지 못하거나 데이터가 중요하다고 하니 전문 인력 확보와 코딩 교육에만 열심인 기업들이 여전히 많다.

최근 기술의 발전으로 그간 측정하기 어려웠던 것을 더욱 쉽게 데이터로 생산해낼 환경이 만들어졌다. 데이터 분석 기술도 점차 보편화되고 있다. 데이터 분석과 활용이 전문가 영역에서 일반인들 영역으로 이동될 수 있는 환경이 갖추어지고 있다. 이러한 시대에 개인들이 업무나 일상생활에서 데이터를 제대로 활용할 수 없다면 경쟁력에서 뒤떨어질 수밖에 없다. 그런 측면에서 이 책의 발간은 매우 시의적절하다고 하겠다. 저자가 이야기하듯이 엑셀 스프레드시트나 워드프로세서를 사용하는 것이 특별한 기술이었던 때가 있었다. 하지만 이제는 누구나 사용할 수 있는 시대가 됐다. 이때 중요한 것은 그것을 통해 해결하고자 하는 본질에 집중하는 것이다. 이 책은 왜 데이터를 알아야 하는지, 어떻게 활용해서 문제를 해결하는지 처음부터 끝까지 쉽게 잘 설명하고 있다. 직장인과 일반인 모두 쉽게 읽을 수 있도록 쓰여 있다. 이 책 한 권을 읽고 나면 데이터 리터러시 수준이 쑥 올라갈 것이다.

이 책은 기업의 경영진과 관리자가 읽어야 할 경영서이기도 하다. 이제 특정 부서에서 담당하던 데이터 분석과 활용을 모든 부서로 확대하고 조직 전체의 일하는 방식을 혁신해야 할 시기이다. 데이터 경영으로 전환하고자 하는 경영자와 개인의 업무성과를 혁신하고자 하는 관리자가 꼭 읽어보길 추천한다. 더 나아가서 이 책을 읽은 많은 독자가 개인의 데이터 리터러시를 높여 데이터 경제의 능동적 주체로 참여하게 되기를 진심으로 희망한다. 현재 많은 산업의 트렌드가 초개인화를 추구하고 있다. 그러기 위해서는 개인의 능동적인 데이터 생산과 공유가 필수적이라 하겠다. 데이터 리터러시를 함양한 개인들이 데이터 활용을 넘어서 데이터 생산자로 참여해 우리나라의 데이터 경쟁력 향상에 커다란 동력이 되기를 기대한다.

챗GPT 시대, 데이터 리터러시가 생존을 판가름한다

지금은 '리터러시'의 시대다. 데이터 리터러시, 디지털 리터러시, 미디어 리터러시, 통계 리터러시 등등. 최근에는 인공지능AI 리터러시, 챗GPT 리터러시라는 단어들도 들려온다. 기술, 디지털, 미디어, 데이터 등은 이 시대를 살아가기 위해 꼭 필요한 것들이다. 리터러시는 이와 관련해 현혹되지 말고 비판적인 시각으로 정확하게 보아야 한다는 뜻일 것이다.

데이터 경제 시대, 나아가 챗GPT 시대에는 데이터가 핵심 연료이다. 인공지능은 데이터로 학습하여 모델을 생성하고 데이터로 결과를 제시한다. 모든 것이 데이터로 움직인다. 따라서 일상이나 비즈니스에서 데이터에 대해 모르거나 제대로 활용하지 못한다면, 즉 데이터 리터러시로 무장하지 않으면 생존할 수 없다. 경제협력개발기구OECD도 2030년 미래 사회에 요구되는 핵심 역량으로 데이터 리터러시의 중요성을 언급했다. 우리 정부도 2022년 8월에

'디지털 인재 양성 종합방안'을 발표했다. 빅데이터와 인공지능 기술 등을 활용할 수 있는 디지털 인재 100만 명을 양성하기로 했다. 또한 행정안전부는 데이터 리터러시 강화를 위해 2022년 7월부터 공직자 온라인 교육과정을 도입한다고 발표했다.

1990년대 후반까지만 하더라도 엑셀 스프레드시트를 사용할 줄 아는 것이 특별한 기술이었다. 하지만 지금은 직급과 직무와 관계없이 기본적인 기능은 거의 다룰 줄 알게 됐다. 이제는 엑셀을 넘어 누구나 데이터 활용에 능숙해져야 하는 상황이 온 것이다. 글로벌 컨설팅 전문기업 액센츄어Accenture의 설문조사를 보면 데이터 리터러시에 자신감을 느끼는 사람은 21%에 불과하다고 한다. 상황이 이렇다 보니 직장인들과 학생들이 모두 바빠졌다. 코딩이나 R, 파이썬Python 등 분석 도구 배우기 열풍이 불고 있다. 기업에서도 데이터 분석 전문인력을 확충하거나 전담부서를 두어 경쟁에 뒤떨어지지 않게 노력하고 있다. 하지만 내가 보기에는 놓치고 있는 것들이 많다. 배운 분석 도구를 현업에서 실제 활용하는지, 활용하더라도 정말 문제해결에 도움이 되는지 물어보고 싶다.

기업 입장에서도 마찬가지다. 데이터 분석 보고서는 넘쳐나지만 굳이 분석을 안 해도 알 만한 일반적인 결론만 들어 있는 경우가 종종 있다. IT 부서나 데이터 전담부서도 현업의 자료 산출 요청에 진땀을 빼고 있다. 목적과 문제해결이라는 본질은 놓아둔 채 기술만 열심히 익힌 결과다. 회사에서 제공하는 데이터 교육은 대부분 프로그램을 짜보는 기술 향상 교육에 치중돼 있다. 그러나 올바른 데이터 리터러시의 함양은 도구 활용 기술뿐만 아니라 데이터에 대해 올바른 시각을 가지고 올바른 방법으로 문제를 해결하는 역량을 함께 기를 때 가능하다.

아울러 최근 챗GPT의 빠른 확산 속에서 우리는 인공지능이 만들어낸 결과를 무분별하게 수용하는 경향을 경계해야 한다. 분석 도구와 마찬가지로 인공지능도 도구의 일종이다. 도구보다 사람의 생각이 먼저이듯 인공지능이 제공하는 결과를 해석하고 검증하는 역량이 더욱 중요하다.

그렇다면 기업의 데이터 리터러시는 어떻게 구축할 것인가? 먼저 비판적 사고를 토대로 데이터를 다양한 관점에서 바라볼 수 있어야 한다. 그다음 이를 분석해 과학적 의사결정을 내리고 대안을 제시해 문제를 해결할 수 있어야 한다. 이와 관련한 다양한 프로그램이 개발돼야 한다. 이것은 특정 부서만의 업무가 돼서는 안 된다. 전체 직원이 모국어 수준으로 능숙해져야 하는 기본적 소양으로 인식할 때 기업의 데이터 리터러시 구축에 성공할 수 있다.

시중에 데이터 분석 도구를 다루는 법, 데이터 시각화, 데이터 의사결정 방법론 등을 가르치는 책들은 많다. 하지만 문제해결 관점에서 데이터 리터러시를 다루는 책들은 많지 않다. 이 책은 나의 목적에 따라 데이터를 수집하고 활용해 문제를 해결하고 실무에서 유의미한 성과를 도출할 수 있도록 돕는 데이터 활용 지침서다. 데이터에 대한 이해를 기초로 해 실제 업무 성과까지 연결할 수 있도록 A부터 Z까지 체계적으로 알기 쉽게 설명했다.

어떤 운동이든 기초 체력이 튼튼해야 성공할 수 있다. 이 책은 데이터 분석에 꼭 필요한 기초 체력을 길러 올바른 관점으로 문제를 해결할 수 있도록 하는 데 목적을 두었다. 또한 챗GPT 시대, 인공지능 기술의 확산으로 인한 다양한 영향과 그 한계를 짚어보고 데이터 리터러시에 관해 어떠한 소양을 갖추어야 할지도 꼼꼼하게 다루고자 했다. 이 책이 일반인들이 데이터 리터러시를 올바르게 활용하는 데 굳건한 디딤돌이 되길 바란다. 아울러 데이터 경제 시대에서 경쟁력을 고민하는 기업, 학교, 연구소 등에서도 참고할 수 있길 바란다.

책을 쓰면서 도움을 많이 받았다. 우선 출판을 허락하고 아낌없이 격려해주신 NH농협생명 윤해진 대표이사님께 감사의 말씀을 올린다. 그리고 데이터 리터러시에 대해 같이 고민해주신 임순혁 부사장님, 개념을 정리하는 데 많은 조언을 해주신 조경화 님, 출간 전에 원고를 꼼꼼히 살펴봐주신 정민 님, 김상국 님, 이용재 님에게도 진심으로 고맙다는 말을 전한다. 아울러 이 책이 나오도록 많은 도움을 주신 클라우드나인의 안현주 대표님과 임직원분들께 감사를 드린다.

2023년 4월
이재원

목차

## 1부

데이터의 이해와 올바른 관점이 중요하다

1장

왜 데이터 리터러시인가

1.
왜 데이터 리터러시가 중요한가

눈에 보이는 모든 것이 데이터로 존재하는 세상이다. 자판으로 쓴 텍스트, 마우스 클릭, 커서 이동은 물론이고 사이트에 접속해 마우스 휠을 어느 지점에서 몇 초간 멈추었는지까지도 전부 데이터로 기록된다. 나아가 수면에서부터 운동, 음식 섭취, 기분, 웰빙에 이르기까지 거의 모든 것이 수집된다. 이렇듯 이용 가능한 데이터가 폭발적으로 증가하고 데이터 과학과 기술이 급속히 발전한 덕분에 일상생활에서도 데이터를 활용한 의사결정이 흔하게 일어나고 있다.

레스토랑을 알아본다고 해보자. 여러 식당의 온라인 리뷰나 입소문을 참고하고 가격, 메뉴, 인테리어, 서비스 수준 등 여러 데이터를 비교해 식당과 메뉴를 최종 선택한다. 영화를 보거나 길을 찾을 때도 넷플릭스나 네이버 등이 나를 분석한 데이터에 기반해 제공하는 추천 서비스를 이용한다.

기업들도 전례 없이 방대한 양의 데이터를 최대한 활용해 경쟁적으로 분석 역량을 구축하고 있다. 데이터 경제 시대에 데이터 활용 없이는 기업 경쟁력을 가질 수 없게 됐다. 월마트와 구글 사례를 들어보겠다. 월마트는 플로리다에 허리케인 프랜시스가 오기 전에 비축해야 할 상품들을 알고 싶었다. 그래서 과거 폭풍이 지나갔던 다른 월마트 매장들의 구매 기록을 조사하고 엄청난 양의 고객 이력을 분류해 어떤 상품을 플로리다로 보낼지 찾아냈다. 바로 딸기 팝타르트와 맥주였다. 미국인들은 자연재해가 닥쳤을 때 두 가지 품목을 주로 찾는다는 사실을 발견한 것이다. 그래서 바로 허리케인의 경로에 있는 모든 월마트 매장들에 해당 품목들을 배송했다. 월마트의 예측 덕분에 폭풍우가 몰아치는 동안 플로리다 사람들은 맥주와 팝타르트를 먹으면서 자연재해를 이겨낼 수 있었다.

구글은 비즈니스 사안 외에도 사내 리더십 문제를 데이터 분석을 통해 풀어냈다. 데이터 분석을 통해 팀의 생산성, 직원 이직률, 행복도 측면에서 최악의 관리자와 최고의 관리자 사이에 큰 차이가 있음을 발견했다. 직원 설문조사와 각종 성과 데이터들을 상·하위 사분위수로 나눈 후 회귀분석을 실행해 그러한 결과를 얻었다. 나아가 '구글에서 좋은 관리자를 만드는 것은 무엇일까?'라는 조사를 통해 훌륭한 관리자가 되는 8가지 행동과 그렇지 않은 3가지 행동을 발견했다. 이를 토대로 관리자 교육과정을 수정했다. 매년 관리자를 대상으로 하는 피드백 설문조사와 함께 우수 관리자 시상을 정기적으로 하고 있다.

데이터가 일상이나 조직에서 의사결정을 하는 데 큰 역할을 하면서 우리 모두에게 데이터 활용 역량이 중요해졌다. 이제 축적의 시대에서 분석의 시대로 넘어오면서 데이터 리터러시의 중요성은 더욱 강조되고 있다. 초반 분석의 시대는 리더와 전문팀의 분석력이 주도했다면 이제는 일반 직원들을 포함한 조직 전체의 데이터 리터러시가 중요해진 시기로 접어들었다. 많은 양의 데이터를 수집하고 관리한다고 해서 기업이 비즈니스적인 성과를 거두는 것은 아니다. 오히려 성과는 데이터를 잘 이해하고 데이터에 기반한 의사결정과 밀접하게 연결돼 있으므로 직원들의 데이터 리터러시에 크게 영향을 받는다. 미국의 IT 분야 리서치 기업인 가트너는 데이터 리터러시를 '기업이 성장하기 위해 갖춰야 할 제2외국어'라고 말했다.

그렇다면 데이터 리터러시란 무엇일까? 데이터data와 리터러시literacy의 합성어로 흔히 '데이터 문해력文解力'이라고 번역된다. 좀 더 살펴보자. 사전에 리터러시는 '글을 읽고 쓰는 능력'이라고 정의되고 문해력은 '글을 읽고 이해하는 능력'으로 정의된다. 따라서 데이터 리터러시는 '데이터를 읽고 쓸 줄 아는 능력'이라고 할 수 있다. 일반적으로 리터러시는 '무엇을 할 수 있는 능력'으로도 해석되어 기술 리터러시, 디지털 리터러시, 미디어 리터러시, 비주얼 리터러시, 정보 리터러시, 통계 리터러시 등이 광범위하게 사용된다.

최근에는 리터러시의 개념이 문해력의 의미로 점차 확대되고 있다. 데이터 리터러시도 협의의 '음성적 읽기'를 넘어서 '의미적 읽기'까지 수행할 수 있는지를 척도로 삼고 있다. 즉 그 안에 숨겨진 의미를 파악하는 해독 능력을 포함하면서 '실질적 문해' 또는 '문해 능숙도'라고도 한다. 예를 들어 과거에는 데이터 리터러시라고 하면 통계 그래프나 차트를 읽고 이해하는 능력에 국한하여 데이터의 수량이나 통계적 측면을 강조했다. 최근에는 데이터를 읽고 처리하는 능력을 넘어서 다양한 데이터에서 가치를 뽑아내 해석하고 시각화하고 잘 전달하는 능력까지도 포함하고 있다.

정리하자면 데이터 리터러시는 데이터를 문맥에 맞게 읽고 사용하고 소통하는 능력은 물론이고 데이터에 담겨 있는 의미를 파악하고 목적에 맞게 활용하는 능력을 의미한다. 2000년 초반부터 학자들이 다양하게 데이터 리터러시의 개념을 정의하고 있다. 이 책에서는 비즈니스 실무에 좀 더 가까운 몇 가지의 정의를 소개한다.

위키피디아는 데이터 리터러시를 '데이터를 정보로 읽고 이해하고 작성하고 전달하는 능력'이라고 소개하며 '데이터 읽기와 이해와 관련된 특정 기술력도 필요하다.'라고 덧붙이고 있다. 포브스는 '비즈니스 활동과 결과를 위해 데이터를 효과적으로 사용하는 것'이라고 했다. 이스턴미시간대학교는 '차트를 적절하게 읽고 데이터에서 올바른 결론을 도출하고 데이터가 오해의 소지가 있거나 부적절한 방식으로 사용되는 경우를 인식하는 방법을 포함해 데이터가 의미하는 바를 이해하는 것'이라고 했다. 마지막으로 가트너는 '데이터 소스, 구성, 적용된 분석 방법과 기술에 대한 이해와 함께 상황에 따라 데이터를 읽고 쓰고 전달할 수 있는 능력과 사용사례 적용과 그에 따른 비즈니스 가치 또는 결과를 설명할 수 있는 능력'이라고 정의했다.

일상생활에서도 우리가 접하는 각종 데이터를 비판적으로 보는

데이터 리터러시의 정의

출처	정의
위키피디아	데이터를 정보로 읽고 이해하고 작성하고 전달하는 능력. 데이터 작업에 관련된 역량에 중점을 두므로 데이터 읽기, 이해와 관련된 특정 기술력도 필요함
포브스	비즈니스 활동과 결과를 위해 데이터를 효과적으로 사용하는 것
이스턴미시간 대학교	데이터 차트를 적절하게 읽고 올바른 결론을 도출하고 오해의 소지가 있거나 부적절한 방식으로 사용되는 경우를 인식하는 방법을 포함해 데이터가 의미하는 바를 이해하는 것
가트너	데이터 소스, 구성, 적용된 분석 방법과 기술에 대한 이해와 함께 상황에 따라 데이터를 읽고 쓰고 전달할 수 있는 능력, 사용 사례 적용과 그에 따른 비즈니스 가치 또는 결과를 설명할 수 있는 능력

시각이 데이터 리터러시의 일부라 할 수 있다. 예를 들어 선거를 앞두고 언론을 통해 가장 많이 접하게 되는 뉴스는 '대통령 후보 지지도'다. 전문가들이 출연해서 각종 여론조사에서 나온 지지도가 무엇을 의미하고 어떻게 해석해야 하는지 설명한다. 그들이 하는 의미 해석들이 바로 우리의 데이터 리터러시를 높이는 예라고 할 수 있다. 또한 통계 자료가 인용된 TV 뉴스나 언론 기사를 자주 보게 된다. 이때도 해석에 유의해야 한다. 통계 데이터는 어떤 현상을 반영하고 이해할 수 있도록 도와주는 자료일 뿐이다. 그 자체로 사실을 의미하는 것이 아니기 때문에 비판적으로 읽을 줄 알아야 한다.

이처럼 데이터 리터러시는 기술적 측면의 지식 습득이라는 협의의 의미를 넘어 최근에는 기술과 사회적 맥락의 데이터를 이해하고 의사결정 등에 활용하는 보다 통합적인 능력으로 이해되고 있다.

2.
이제 성공 경험이나 직감이
통하지 않는다

19세기 근대로 거슬러 올라가 보자. 플로렌스 나이팅게일은 데이터 리터러시에 능했다고 한다. 나이팅게일은 '백의의 천사' '간호사'로 알려져 있지만 사실은 유능한 통계학자였다. 그녀는 크림전쟁에서 헌신적인 간호를 했을 뿐만 아니라 탁월한 데이터 리터러시 능력을 발휘해 수많은 사람의 목숨을 구할 수 있었다.

나이팅게일은 열악한 병원 환경 때문에 많은 병사가 죽어간다는 점을 유추했다. 이후 약 2년 동안 입원, 질병, 부상, 사망 등의 병원 데이터를 수집하고 분석해 새로운 사실을 알아냈다. 전투 중 당한 부상보다 영양실조와 전염병 등으로 죽는 환자가 더 많다는 것이었다. 이에 나이팅게일은 전염병과 사망률의 관계, 병원 위생과 사망률의 관계를 통계로 보여주며 병원을 더 청결한 상태로 바꿔야 한다고 당국자들을 설득했다. 그녀의 데이터 리터러시는 이후 큰 힘을 발휘했다. 그녀가 처음 부임했을 때 한 야전병원에 입원한 군인의 사망률이 42%였는데 6개월 만에 2%까지 떨어졌다. 군 당국은 결국 혁신을 받아들였고 그녀에게 영국군 전쟁지역 전체 병원의 간호를 책임지도록 맡겼다. 나이팅게일 덕분에 전장의 치료와 간호 체계에 대대적인 변화가 일어났고 이유 없이 죽어가던 수많은 병사의 생명을 지킬 수 있었다.

종전 후 나이팅게일은 이 모든 일을 담아 자세한 보고서를 작성했다. 그런데 사람들이 통계표를 거의 읽지 않는다는 점을 인식하고 1,000개의 이야기를 단 한 장의 그림으로 요약하는 놀라운 통찰력을 발휘했다. 많은 사람이 쉽게 이해하고 설득되도록 자신의 통계 데이터를 도표로 만든 것이다. 이 도표의 모양이 마치 장미꽃을 닮았다고 해서 '나이팅게일의 로즈 다이어그램(장미 도표)'이라고 불렀다.[1]

나이팅게일의 로즈 다이어그램

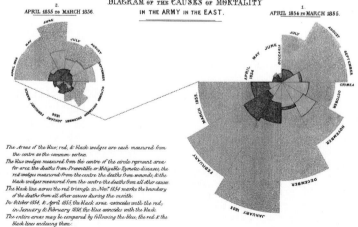

(출처: 위키피디아 커먼즈)

나이팅게일의 로즈 다이어그램은 군 병원의 위생 상태가 개선되면서 질병으로 인한 사망률이 급격하게 줄어들었다는 것을 보여준다. 로즈 다이어그램에는 두 개의 원형 도표가 그려져 있다. 오른쪽 도표는 1854년 4월부터 1855년 3월까지의 통계이고 왼쪽 도표는 1855년 4월부터 1856년 3월까지의 통계다. 각 도표는 크기가 서로 다른 12개의 쐐기 조각으로 이루어져 있으며 이 조각들은 1~12월을 가리킨다. 각 쐐기의 면적은 그달의 사망자 규모를 상대적으로 나타낸 것이고 사망 원인에 따라 색깔을 달리했다. 빨간색은 전쟁에서 부상으로 인한 사망, 파란색은 질병으로 인한 사망, 검은색은 기타 원인으로 인한 사망을 나타낸다. 양쪽 도표에서 파란색의 면적이 큰 차이가 나는데 이로써 질병으로 인한 사망자 수가 대폭 줄었음을 한눈에 알 수 있다.

이 도표는 통계를 배우지 않은 일반인들도 이해할 수 있을 만큼 쉬웠다. 그러다 보니 영국의 군부와 정부 당국도 의료체계 개혁에 나설 수밖에 없었다. 빅토리아 영국 여왕에게도 보내진 이 도표는 19세기 최고의 통계 그래픽 중 하나로 꼽힌다. 이렇게 목표를 설정해 데이터를 수집하고 분석함으로써 정보를 도출하고 더 나아가 보기 쉽게 만들어 상대방을 설득하는 능력이 바로 데이터 리터러시라 할 수 있다.

할리우드 스타 윌 스미스도 데이터 리터러시가 높은 사람으로 알려져 있다. 그는 시장 조사를 통해 최고 흥행을 올린 영화를 분석한 후 출연할 영화를 선택하는 전략을 사용한 것으로 유명하다.[2] 1990년대 중반 가장 잘나가는 영화배우는 톰 행크스와 톰 크루즈

였다. 당시 윌 스미스는 그들과 같은 영화에 출연하는 것을 거부했다. 대신 그는 최고 수익을 기록한 영화를 살펴보고 흥행 비결을 분석하는 전략을 택했다.

윌 스미스는 우선 최근 10년간 최고의 흥행 성적을 올린 영화 10편을 골랐다. 그다음 영화 내용을 분석해 흥행에 성공한 패턴을 찾아냈다. 그가 발견한 성공한 영화의 패턴은 다음과 같다. 10편 중 9편은 특수 효과를 썼고 8편은 외계 생명체가 등장하거나 러브 스토리가 포함된 것이다. 이러한 분석을 바탕으로 그가 출연한 영화가 바로 「인디펜던스 데이」와 「맨 인 블랙」이었다. 두 영화 모두 최고 수준의 특수 효과와 함께 외계인이 등장한다. 이러한 성공 패턴을 따른 덕분에 두 영화는 전 세계적으로 약 13억 달러의 수익을 올렸다.

윌 스미스는 영화 분야에서 관련 데이터를 수집하고 분석해 패턴을 찾아내 문제를 해결했다. 그는 데이터 분석을 통해 영화팬들의 니즈를 제공하는 것이 흥행에 가장 중요함을 꿰뚫고 있었던 것이다. 과거의 성공 경험이나 직감만으로는 시장이 무엇을 원하고 고객이 무엇을 구매할지 알기 힘들다. 윌 스미스의 탁월한 데이터 활용 역량은 우리에게 시사하는 바가 크다.

우리나라에서도 비슷한 사례를 찾아볼 수 있다. 통계청은 매년 통계 데이터 분석·활용대회를 개최한다. 2022년에는 「기후변화로 인한 지역별 작물 분포의 변화 예측 및 신규 특화작물 제안」이라는 분석 보고서가 대상을 수상했다. 이 보고서는 농업총조사 자료, 통계데이터센터 자료, 기상관측 자료 등을 바탕으로 새로운 분석 방법을 시도했다. 지도를 활용해 지역별 작물 분포를 예측하는 등 활용성이 돋보였다고 한다. 실생활에서 목적에 맞게 데이터를 수집하고 분석해 미래를 예측한 좋은 사례다.

이렇듯 일상생활이나 조직에서 주제를 설정해 데이터를 수집하고 분석함으로써 정보를 도출하고 상대방을 설득할 수 있는 데이터 리터러시를 길러야 한다.

3.
데이터 리터러시는
왜 필요한가

"누가 어떤 비즈니스에 종사하든 향후 10년간의 가장 중요한 비즈니스 역량은 데이터 리터러시다."

구글의 수석 이코노미스트 할 베리안Hal Varian이 한 말이다. 그런데 데이터 리터러시는 왜 필요할까? 이 질문의 답은 데이터가 어떤 역할을 하는지 알면 쉽게 찾을 수 있다.[3]

첫째, 데이터는 탁월한 인식 능력을 갖게 해준다. 똑같은 정보 환경에서 데이터에 친숙한 사람은 다른 사람들이 보지 못하는 것을 보거나 남들보다 더 다양한 관점으로 더 정확하게 보고 복잡한 것을 단순화해서 빨리 알아차린다. 나도 그런 경험이 있다. 회의에서 똑같은 매출 실적 데이터를 봤는데 희한하게도 특이점을 잘 찾아내는 직원들이 있다. 이렇듯 데이터는 사실을 인식하는 힘을 준다.

둘째, 데이터는 판단력의 기초를 제공한다. 데이터는 편견과 선입견에 빠지지 않고 정확하게 판단해 올바른 의사결정을 하는 데

도움이 된다. 세종대왕의 예를 들어보자. 『조선왕조실록』「세종실록」을 보면 1430년 세종대왕은 새로운 세법인 공법에 대해 찬반 조사를 했다고 한다.[4] 공법은 토지를 비옥도 기준으로 등급을 나눈 후 흉작이냐 풍작이냐에 따라 세금 기준을 정해 매년 일정한 세금을 부과하는 정액세 제도다. 투명한 조세 제도로 착복을 막는 등 관리들의 횡포를 없애기 위한 것이 목적이었다. 세법을 개혁하겠다고 마음먹은 세종은 즉위 9년이 지나서 이를 추진했다. 하지만 영의정 황희를 비롯한 대신들은 빈익빈 부익부 현상이 걱정된다며 세종의 공법 추진을 막아섰다.

세종대왕은 신하들의 반대에 부딪히자 여론조사라는 새로운 카드를 꺼내 들었다. 호조戶曹가 전국적으로 실시한 이 조사는 총응답자 수가 17만 2,806명이었다. 당시 인구가 약 600만 명으로 추정되니 전체 백성의 3% 가까이가 참여한 셈이다. 천민을 제외한 전 계층이 참여했다고 한다. 15세기 전반에 이미 전국 차원의 여론조사로서 주민 투표를 시행한 것이다. 4개월 반 동안 조사한 결과 찬성이 9만 8,657명, 반대가 7만 4,149명으로 찬성이 반대보다 약 2만 4,000명 정도 더 많이 나왔다. 세종은 내심 원하던 결과를 얻었으나 공법을 바로 시행하지 않았다.

세종대왕은 찬성 비율(57%)만큼이나 반대 비율(43%)도 높다는 것과 지역별로 찬반에 대한 편차가 너무 크다는 것에 주목했다. 전라도(99.1%)와 경상도(99.0%), 경기도(98.6%), 개성부(94.1%)는 절대 찬성을 보였다. 반면 지형이 험하고 소출이 많지 않은 함길도(1%), 평안도(4.5%), 강원도(12.0%)의 찬성 비율은 크게 낮았다. 따라서 세종대왕은 이를 바로 시행하지 않고 더 깊은 연구를 진행했다. 반대 여론을 수용해 여러 보완 작업을 했고 7년이 지나 압도적으로 찬성한 경상도와 전라도에서부터 시범적으로 시행했다. 이후 점진적으로 지역을 확대해 14년이 지나서야 법을 완성해 전국적으로 시행했다. 이렇듯 세종의 조세 개혁은 세계적으로 가장 긴 논의와 토론을 거친 입법에 해당된다고 전해진다. 그 과정을 살펴보면 데이터를 모으고 분석해 어떻게 활용할지를 제대로 보여준 사례라고 할 수 있다. 세종대왕은 여론 조사를 실시해 백성의 의견을 구했고 조사결과 반대 비율이 높은 것을 보고 제도를 보완해 점진적으로 도입했다.

셋째, 데이터를 통해 상대방을 설득하고 동기를 부여할 수 있다. 데이터는 사실에 힘을 보태어 강력한 메시지를 전달함으로써 상대방의 태도를 바꾸고 더 나아가 행동을 불러일으키는 강력한 힘을 가진다. 누군가와 갑론을박할 때 사실에 근거해 데이터를 제시하면 대부분 수긍하고 태도가 달라지는 것을 자주 보게 된다. 이것이 데이터의 힘이다. 우리가 일상생활에서 수많은 데이터를 더 심도 있게 해독할 수 있다면 세상을 훨씬 더 잘 이해하고 발전적으로 대처할 수 있을 것이다.

조직에서는 어떨까? 최근 기업에서는 많은 업무가 자동화되면서 사람의 판단이나 의사결정이 중요해졌다. 데이터는 의사결정을 돕고 고객에 대한 이해를 도와 본업을 강화하는 데 필수불가결한 요소가 됐다. 피터 드러커 교수는 "측정할 수 없으면 관리할 수 없고 관리할 수 없으면 개선할 수 없다."라는 유명한 말로 데이터의 중요성을 강조했다. 데이터 리터러시를 통해 조직은 데이터 품질을 올리고 데이터 활용에 대한 이해를 촉진함으로써 커뮤니케이션과 협업을 확대할 수 있다. 또한 업무 프로세스를 개선하는 데 도움이 될 수 있으며 수익, 생산성, 고객만족도, 직원만족도, 효율성을 크게 높일 수 있다.

한때 데이터 분석은 소수의 직원만 담당했지만 이제는 조직 전체가 수행할 수 있어야 한다. 왜 문제가 발생했는지 빨리 정확하게 이해하고 재발 방지를 위해 능동적으로 대책을 세울 수 있기 때문이다. 특히 고객에게 개인별 맞춤화 서비스를 제공하는 초개인화 시대에서 더 신속하고 정교한 고객경험을 제공하기 위해서는 현장을 포함한 조직 전체의 데이터 리터러시 향상이 경쟁력의 관건이라 할 수 있겠다. 데이터 리터러시가 높은 직원은 업무 역량에 대한 자신감을 느끼게 되며 의사결정의 배경을 알게 돼 더 생산적이고 효율적으로 일할 수 있다. 실제로 그런 직원은 자신의 위치에서 더 안정감을 느끼는 반면 스트레는 적어 직업 만족도가 높다고 한다.[5]

국가 차원에서도 데이터 리터러시의 향상은 데이터 격차 해소에 큰 역할을 할 것이다. 본격화되는 데이터 경제에서는 데이터 리터러시 역량의 차이가 부와 권력의 차이를 만드는 주요 요인이 되고 있다. 우리 정부는 다양한 기초 데이터 소양 교육과 함께 많은 시민이 데이터 이용에 자발적으로 참여하도록 공공 데이터를 개방함으로써 데이터 리터러시를 자연스럽게 배워가도록 하는 정책들을 펼쳐나가고 있다.

4.
데이터 기반의
의사결정이 필요하다

비즈니스 인텔리전스ʙɪ 전문업체인 BI서베이의 간행물에 따르면 설문조사에 참여한 기업의 58%가 아직도 일상적인 의사결정의 절반 이상을 직감이나 경험에 기반하고 있다. 아주 소수이기는 하겠지만 경영진이 본인의 경험이나 직관에 따라 이미 의사결정을 해놓고 추후 문제 발생에 대비해 연구소나 외부 컨설팅 업체에 용역을 의뢰하는 사례도 있다고 한다. 이러한 과거 경험이나 직관에 따른 의사결정은 몇 가지 인지적 편향을 보인다고 한다.

우선 비즈니스 리더들은 옳든 그르든 이미 가지고 있는 믿음을 선호하는 확증 편향이나 데이터가 그렇지 않다는 것을 증명함에도 오래된 믿음을 고수하려는 인지적 타성을 가질 수 있다. 아울러 그들은 미래가 과거보다 훨씬 나을 것이라는 낙관주의 편향과 다수의 편에 서서 그룹의 일부가 되고자 하는 단체적 사고 욕구로 결정을 내리는 경향이 많다고 한다. 물론 직관이나 경험이 다 나쁜 것은 아니다. 스티브 잡스의 아이폰과 같이 시대를 변혁하는 미래의 창의적 아이디어는 직관에서 나오기도 한다. 하지만 직관과 경험에 따른 의사결정은 인지적 편향으로 인해 가끔은 객관성이 결여돼 잘못된 결정으로 판명되기도 한다. 이를 보완하기 위해 데이터에 기반한 의사결정의 필요성이 강조되고 있다.

현장에서 흔히 얘기되는 데이터 리터러시는 어떤 것이 있을까? 두 가지 사례를 살펴보자. 하나는 신입인 A 직원의 사례다. A 직원은 판매날짜, 제조회사, 상품명, 단가, 수량, 판매액 등의 데이터를 사용해 월별, 상품별, 제조회사별 판매 실적을 엑셀로 분석하고자 했다. 그동안은 조건부 합계나 필터를 이용했는데 선배에게 좀 더 편한 피벗 테이블 사용법을 배웠다. 그 덕분에 A 직원은 원천 데이터에서 원하는 표를 쉽게 만들 수 있게 됐다. 엑셀을 사용하는 동안 데이터세트가 어떻게 집계되고 어떻게 의사결정을 하는지 알 수 있었다. 다른 하나는 마케팅 부서의 B 직원의 사례다. B 직원은 이번 달 온라인을 통한 광고 캠페인에서 상당한 양의 데이터를 축적했다. 이 데이터를 분석해 캠페인에서 문제 영역을 발견했다. 이 정보를 사용해 기존 캠페인 내용을 변경했고 결과적으로 업무 성과가 크게 개선됐다. 두 사례 모두 데이터 활용 역량이 향상된 데이터 리터러시의 사례다.

하지만 현장에서는 두 사례와 같이 좋은 얘기들만 나오는 게 아니다. 액센츄어가 9,000개 기업을 대상으로 한 설문조사에서 직원의 74%가 데이터 작업을 할 때 압도되거나 불행을 느낀다고 답했다. 실제로 내가 데이터 활용과 관련해서 여러 회사의 현업 직원들에게 애로 사항을 물어보니 다음과 같은 얘기들을 주로 했다.

첫째, 데이터 분석에 대해 막막해했다. "실제로 해보면 기대한 만큼 성과가 잘 나지 않는다." "통계를 배워도 막상 어디에 써야 할지 모르겠다." "데이터에서 유의미한 결과를 뽑지 못하겠다." "데이터는 분석했는데 맞는지 모르겠다." "데이터 역량을 어떻게 기를 수 있는지 모르겠다."

둘째, 상사의 관심과 지원의 문제를 호소했다. "평소에는 데이터를 활용하라고 하지만 정작 보고를 하면 왜 그렇게 오래 걸렸냐고 하거나 원하는 숫자가 안 나오면 다시 하라고 한다." "윗분들이 원하셔서 보고서에 그래프만 늘어가고 있다."

셋째, 데이터 분석에 시간이 너무 많이 걸린다는 문제를 지적했다. "현업에서는 분석을 위해 IT 부서에 데이터를 요청하는 경우가 많다." "시간이 너무 오래 걸린다." "뽑고 나면 원하는 칼럼이 없거나 값이 틀리는 등 한 번에 제대로 받기가 어렵다." "큰 데이터를 돌리는 데 시간이 많이 걸린다."

넷째, 데이터 수집과 사용을 실행하기 어려운 환경이었다. "금융회사는 고객의 인적 사항이 정확히 들어오지만 서비스업은 회원 번호 등이 중복되거나 오류가 많아 사용이 어렵다." "사내 데이터 표준화가 안 돼 있다." "부서별 지표 정의가 달라서 맞추기가 어렵다."

다섯째, 교육 관련 문제였다. "데이터 분석 도구가 너무 다양한데 뭐가 좋은지 모르겠다." "한 가지를 배워도 금방 다른 게 더 좋다고 해서 따라가기 힘들다." "분석 도구 교육은 많은데 데이터 전반을 배울 수 있는 체계적인 교육은 거의 없다." "샘플 데이터로 분석 교육을 받아도 회사에서 실무에 적용하려면 환경이 너무 다르다."

최근 현장에서는 데이터 활용의 중요도가 올라가고 있다. 다들 전문가 수준은 아니더라도 어떻게 하면 데이터를 더 잘 분석해서 업무와 일상생활에 잘 활용할지 고민하고 있었다. 앞서 현장의 고민을 정리하자면 데이터를 활용하는 과정에서 데이터 산출, 수집, 분석에 어려움을 느끼고 상사의 지원과 함께 체계적인 교육을 받고 싶어 하는 것을 알 수 있었다. 나아가 회사 차원의 노력도 필요해 보인다. 데이터를 전문적으로 다루는 데이터 분석 전문가들은 초기 문제 정의, 현업의 소통과 참여 유도, 사내 데이터 표준화와 인프라 구축, 데이터 분석 결과에 대한 강력한 실행에 어려움이 많다고 했다. 이외에도 최근에 많이 주목받는 데이터 시각화와 스토리텔링 구성에도 관심이 많았다.

요즘은 누구나 데이터의 중요성을 인정한다. 대세는 데이터라는 말에도 쉽게 수긍한다. 하지만 현장의 대응은 그렇지 못한 게 현실이다. 데이터가 쌓여도 가치를 해석하지 못하고 발굴하는 역량이 없다면 무슨 소용이 있겠는가. 경영진도 데이터의 중요성만 강조할 게 아니라 실제 현장에서 직원들의 데이터 리터러시를 높이는 것을 회사의 주요 경영 전략으로 삼아야 한다. 데이터 리터러시가 또 하나의 혁신적인 경쟁력이 되는 만큼 그만한 투자를 해야 하는 것은 당연하다.

2장

챗GPT 시대에도
데이터 리터러시가 필요하다

1.
챗GPT는 무엇이고 파급력은 어느 정도일까

챗GPT 신드롬이 불고 있다. 언론에서는 챗GPT가 미국 와튼스쿨 경영학 석사 시험, 미국 로스쿨 시험은 물론 미국 의사면허 시험까지 통과했다는 등의 기사가 쏟아지고 있다. 지인들과 만나면 어김없이 챗GPT를 경험한 얘기를 한다. 건배사, 요리 레시피, 맛집 추천부터 만우절에 속이는 방법, 향후 이차전지 주식의 전망을 질문하는 지인들도 있다. 또 이메일 초안을 잡아달라거나 간단한 번역을 시켜보았다고 하는 지인들도 있다. 공통적인 반응은 마치 '사람'과 대화하듯 막힘 없이 술술 답변을 내놓고 눈에 쏙쏙 들어오게 요약정리를 잘한다고 한다. 놀랍고 무서운 기술력이다. 기업들도 특강을 열어 챗GPT 배우기에 열심이고 인공지능 기술이 산업에 미치는 영향을 따져보고 업무나 비즈니스에 어떻게 활용해야 할지를 고민하고 있다.

챗GPT는 오픈AI에서 개발한 초거대 인공지능 챗봇 서비스다.

챗GPT-3.5 버전은 2022년 11월 30일에 출시되었다. 스위스의 글로벌 금융기업 UBS에 따르면 2023년 2월 기준 챗GPT의 1일 방문자 수가 1,300만 명에 달한다고 한다. 오픈한 지 두 달 만에 월간 활성 사용자 수MAU, Monthly Active Users가 1억 명을 돌파했다. 월간 활성 사용자 수 1억 명을 달성하기까지 틱톡은 2년, 인스타그램은 2년 6개월, 유튜브는 2년 10개월, 페이스북은 3년 2개월이 걸렸다고 하니 챗GPT의 파급력이 얼마나 강력한지 알 수 있다.[1] 서비스 업그레이드 속도도 유례를 찾아볼 수 없을 정도로 빠르다. 오픈AI는 챗GPT-3.5 버전 출시 3개월 반 만에 업그레이드 버전인 챗GPT-4 버전을 내놓았다. 2023년 3월 14일에는 유료버전인 '챗GPT 플러스'를 출시했다.

그렇다면 초거대 인공지능인 챗GPT는 어떤 원리로 작동되는 걸까? GPT가 무엇의 약자인지 알면 이해하기가 쉽다.[2] G는 제너러티브Generative의 약자로 생성형 인공지능 모델을 의미한다. 텍스트를 입력하면 텍스트로 답변하거나 이미지를 만들거나 음악이나 영상을 만드는 것 모두 생성형 인공지능이다. 그중 챗GPT는 자연어 처리를 기반으로 텍스트를 생성하는 인공지능 모델이다. 그동안 네이버나 구글을 검색할 경우 검색 키워드를 입력하면 가장 많이 접속된 사이트나 문서를 상단에 보여주었다. 하지만 챗GPT는 검색 결과를 나열하는 것을 넘어서 질문의 상황과 맥락에 따라 답변하며 답안이나 리포트 형태로 보여주는 것이 큰 차이점이다.

P는 프리트레인드Pre-trained의 약자로 사전 훈련을 의미한다. 대형 언어 모델인 챗GPT는 문장에서 다음에 오는 단어를 정확하게

예측하기 위해 방대한 양의 데이터로 훈련되었다. 우리가 통상 학습된 것을 측정할 때는 파라미터로 측정한다. 1차 함수를 y=ax+b라고 표현하고 이때 a와 b를 파라미터라고 한다. 챗GPT-3.5는 파라미터가 1,075억 개이며 570기가바이트(1바이트의 10^9)의 텍스트로 학습했다고 한다. 업그레이드된 챗GPT-4는 파라미터가 1조 개 이상일 것으로 추정된다고 하니 그 학습 규모가 어마어마하다.

T는 트랜스포머Transformer의 약자이며 GPT에서 가장 중요하다. 대부분의 사람은 영화에서 로봇으로 변신하는 트랜스포머를 떠올릴 것 같은데 여기서 T는 핵심적인 신경망 모델을 의미한다.[3] 사람이 언어를 배우는 과정과 비슷하게 순서에 따라 각 단어와 글자의 중요성을 인공지능 언어 모델이 파악하여 의미와 맥락을 학습한다. 이를 통해 시리나 오케이구글처럼 단답형으로 답변을 하는 것이 아니라 맥락을 이해하며 긴 문장으로 대화할 수 있다.

이외에도 챗GPT는 실수를 기반으로 하는 반복적 강화학습Reinforcement Learning 기술을 적용하여 사용자 의도에 적합한 답변을 찾아낸다. 즉 인간의 선호도를 인공지능의 보상 신호reward signal로 사용하여 모델을 미세조정fine-tuning한다.[1] 정리하면 GPT는 Generative, Pre-trained, Transformer의 머리글자를 딴 것이다. 궁금한 것을 텍스트로 입력하면 인공지능이 딥러닝을 통해 사람이 적은 듯한 글들을 만들어내는 언어 모델이다.

챗GPT는 질문에 대답하고 텍스트를 요약하고 문서를 만들고 번역하는 등 세상에 없는 창작물을 만들어내고 있으며 인간의 지적 작업과 관련된 다양한 기능을 수행한다. 대화를 자세히 나눌수록 대답의 정확도가 높아지고 질문 방법에 따라 답변이 달라지기도 한다. 출시 몇 달 만에 챗GPT는 우리 일상을 바꿔놓고 있다. 날씨, 맛집, 세계 기록 등 궁금한 것을 물어보면 요약하여 대답해준다. 좋아하는 장르의 영화나 음악을 입력하면 작품을 추천받을 수 있다. 뉴스 기사나 논문 등의 긴 문서를 자동으로 요약해줘서 시간과 노력을 절약할 수 있다. 해외 논문을 읽을 때나 해외 온라인 쇼핑몰에서 구매할 때 번역이 필요하면 챗GPT를 활용할 수도 있다. 얼마 지나지 않아 우리는 온라인 쇼핑몰, 운동 앱, 학습 앱 등을 통해 일상생활 전 분야에서 도움을 받을 것으로 보인다.

직장에서도 관심이 뜨겁다. '주말에는 이메일이 자동 답변될 수 있도록 코딩해줘.'라고 하면 챗GPT가 해당 코딩을 직접 만들어 보내주고 틀린 코드가 있으면 수정도 해준다. 간단한 이메일을 써주기도 하고 영어 문서를 자연스럽게 번역해주어 일을 쉽게 진행할 수 있다. 이외에도 학술논문 초록 작성, 발표 자료 만들기, 기고 작성 등 많은 분야에서 챗GPT를 활용하고 있다. 또한 기업 차원에서도 고객센터의 고객 문의에 대한 자동응답이나 직원 교육, 규정이나 법규 검색, 문서 작성 등 다양한 분야에 도입하기 위해 준비하고 있다.

벌써 챗GPT가 접목된 일상과 비즈니스에서는 각종 검색, 시·소설·연설문 작성, 특허·논문 분석, 프로그램 코딩, 작사·작곡 등 다양한 분야에 활용되어 디지털 대혁신을 촉발하고 있다. 성균관대학교 중국대학원 안유화 교수는 내일신문 기고에서 챗GPT 출현의 중요한 의미를 '일반인들에게 인공지능을 사용하는 문턱을 크게 낮춘 것'이라고 평가했다.[4] 인공지능이 더 이상 전문가들만의 도구가 아니고 자판을 치고 채팅을 할 수 있으면 누구나 사용할 수 있기 때문이다. 챗GPT 덕분에 어려운 분석 도구나 알고리즘도 다루기가 쉬워졌다. 안 교수는 '챗GPT는 인공지능 시대의 윈도즈와 같아서 사람들의 일상생활과 업무 속에 들어가게 되었으며 실생활과 산업 전반에 전방위적 인공지능 보급을 일으킬 것으로 예상된다.'라고 덧붙였다. 비슷한 의미에서 미국 스탠퍼드대학교 페이 페이 리 교수도 챗GPT와 같은 생성형 인공지능을 '인공지능의 위대한 변곡점'이라고 평가했다.[5]

챗GPT 돌풍으로 생성형 인공지능의 가능성이 확인됨에 따라 최근에는 오픈AI, 마이크로소프트, 구글OMG를 중심으로 언어, 영상, 이미지 등 다양한 생성형 인공지능 분야에서 새로운 기술과 서비스가 경쟁적으로 출시되고 있다. 구글은 오픈AI와 비교하면 다소 늦었지만 인공지능 프로그램 람다LaMDA 기반의 대화형 인공지능 서비스인 '바드Bard'를 영어권 국가에서 서비스하기 시작했다. 국내의 경우도 네이버, 카카오, LG, KT 등이 2021년부터 초거대 인공지능 모델 개발에 뛰어들어 서비스 상용화에 박차를 가하고 있다. 바야흐로 챗GPT 전성시대가 온 것이다.

2.
챗GPT 시대에 데이터는
어떤 의미인가

챗GPT가 시를 쓰고 시놉시스를 만들고 코딩을 한다는데 그렇다면 그 수준이 어느 정도일까 궁금하지 않을 수 없다. SK하이닉스 뉴스룸에서는 그 분야 전문가들에게 챗GPT가 어느 정도 수준인가를 직접 평가해보도록 했다.[6] 우선 챗GPT가 쓴 시에 대해서는 제법 그 형태를 잘 만들고 특정 표현은 정말 좋게 느꼈다고 한다. 특히 인공지능은 사람들이 생각하기 어려운 일상 너머의 다양한 표현을 만들어내는 능력이 뛰어나다고 평가했다. 챗GPT가 쓴 영화 시놉시스의 경우도 인물의 갈등, 고민, 선택이 존재했다. 이로 인해 사건이 변화하는 등 이야기 자체가 구성됐다는 점이 상당히 놀라웠다고 한다. 전문가는 앞으로 그 수준이 빠르게 향상된다면 콘텐츠 업계에서도 챗GPT를 더 많이 활용할 것으로 전망했다.

챗GPT의 코딩 능력을 난이도에 따른 0~5단계의 문제들을 활용해 테스트한 결과 현재 코딩 수준은 2단계 정도로 판단된다고 한다. 실제 IT 기업들이 개발자를 채용할 때 진행하는 코딩 면접의 문제가 1~4단계 수준인 것을 고려하면 단 몇 초 만에 2단계 수준의 결과물을 만드는 것은 상당한 수준이라는 평가다. 더욱 놀라운 것은 챗GPT가 생성할 수 있는 프로그래밍 언어가 수십 개 이상이어서 효율성 측면에서 탁월하다고 한다. 이로 인해 자연어를 입력하면 프로그램 코드로 연결되는 노코드 툴No-code Tool 시대가 빨리 다가오는 것 아니냐는 전망도 등장했다.

그렇다면 기존 인공지능 챗봇과 비교하여 챗GPT가 주목받는 이유는 무엇일까? 첫째, 대화의 맥락을 정확하게 파악할 수 있기 때문이다. 기존 챗봇에는 문맥이 없어 대화가 오갈 때마다 문맥과 답변이 달라지고는 했다. 하지만 챗GPT는 이전에 대화했던 내용을 기억하고 맥락을 이해하여 연속적인 대화가 가능하다. 둘째, 실수를 인정한다. 사용자의 질문에 챗GPT가 틀린 대답을 했을 때 이를 지적하면 즉시 실수를 인정한다. 그리고 실수한 부분을 학습했다가 다음에는 다시 반복하지 않는다. 또한 사용자가 잘못된 질문을 하면 챗GPT는 이의를 제기한다. 즉 잘못을 지적할 수 있는 능력도 갖추고 있다. 마지막으로 다른 챗봇과 달리 광범위한 분야의 질문에 답변할 수 있다. 예를 들면 구구단과 같은 간단한 수학 질문에서부터 '양자 컴퓨팅과 암흑물질을 설명해줘.'와 같은 어려운 질문에도 요점을 정리하여 리포트 형식으로 대답한다.

이렇게 챗GPT가 대화의 맥락을 정확하게 파악하고 실수와 오류를 인정하고 광범위한 질문에 대답할 수 있게 하는 가장 중요한 요소는 무엇일까? 바로 데이터다. 챗GPT 시대에서 데이터는 핵심적인 역할을 한다. 챗GPT가 사람과 대화하는 것처럼 만들기 위해서는 예전과 비교할 수 없을 정도의 거대한 양의 데이터가 필요하다. 이 데이터는 챗GPT가 학습하는 데 사용되며 학습할 때 사용되는 데이터의 양과 질이 챗GPT의 성능을 좌우한다. 따라서 챗GPT 시대에서는 데이터 수집, 정제, 분석, 관리 등의 데이터 관련 기술이 매우 중요해진다. 양질의 데이터를 수집하고 이를 적절하게 정제하여 모델 학습에 사용하면 훨씬 자연스러운 대화를 할 수 있는 챗GPT를 만들 수 있다. 또한 데이터를 지속적으로 관리하고 분석함으로써 성능을 개선할 수 있다.

챗GPT는 데이터를 어떻게 학습하여 새로운 데이터를 생성할까? 오픈AI는 인터넷, 뉴스 기사, 문서, 채팅 기록 등 다양한 데이터 소스를 활용하여 대규모의 데이터를 수집한다. 이렇게 수집된 다양한 형태와 구조를 가진 데이터들은 정제 과정을 거쳐 챗GPT의 학습에 사용된다. 학습 과정을 통해 챗GPT는 입력된 데이터를 분석하고 패턴을 파악하여 새로운 데이터를 생성할 수 있는 능력을 향상한다. 이렇게 학습된 챗GPT 모델은 정확도, 일관성, 일반성 등의 평가를 거쳐 성능을 검증하며 최종적으로 새로운 답변 데이터를 생성한다.

챗GPT를 포함한 생성형 인공지능에는 텍스트, 이미지, 음성, 동영상 등 다양한 종류의 데이터들이 사용된다. 챗GPT는 자연어 처리 분야에서 사용되며 주로 텍스트 데이터를 활용한다. 챗GPT는 대화형 인터페이스에서 사용되는 대화 데이터를 활용하여 학습된다. 대화 기록은 각 사용자와 시스템의 전체 대화 내용을 기록하며 이를 통해 챗GPT 모델은 대화를 이해하고 다음에 올 질문에 대한 적절한 답변을 생성하는 데 사용된다. 대화 기록 외에도 FAQ, 블로그, 뉴스 기사 등의 인터넷에 있는 다양한 텍스트 데이터를 활용하여 챗GPT 모델을 학습시킨다.

최근에는 이미지 데이터를 생성하거나 변환하는 인공지능도 주목받고 있다. 필요한 이미지를 텍스트로 요청하면 이미지를 생성하고 인물 사진을 입력하면 해당 인물의 얼굴을 다양한 스타일로 생성하거나 변환할 수 있다. 음성 데이터 역시 생성형 인공지능 기술을 통해 음성을 생성하거나 변환할 수 있다. 여성 목소리를 남성 목소리로 변환하거나 고화질의 음악을 생성한다. 또한 숫자 데이터와 관련된 자연어 데이터 처리에도 사용될 수 있다. 예를 들어 '120×130은 얼마인가요?'와 같은 질문에 답변할 수 있고 숫자가 포함된 문장을 분류할 수 있다. 이렇게 인공지능은 다양한 형태의 데이터를 학습하며 이를 다시 새로운 가치를 가진 데이터로 생성해낸다.

정리하면 챗GPT를 포함한 생성형 인공지능은 텍스트, 이미지, 음성 등 다양한 데이터를 학습하는데 데이터의 양과 질이 인공지능의 성능을 좌우한다. 따라서 데이터 수집, 정제, 분석, 관리 등의 데이터 관련 기술이 매우 중요해진다. 데이터 없이는 인공지능이 존재할 수 없기 때문이다.

3.
데이터 리터러시가 앞으로
10년의 무기가 된다

질문: 「오징어게임」의 주인공 이름은?(한글 질문)

답: 「오징어게임」의 주인공 이름은 '강사네'라는 것으로 알려
져 있습니다. 하지만 그의 본명은 드러나지 않았으며 그의
과거와 배경에 대해서도 이야기가 제한적으로 나와 있습
니다.[7] 대한민국의 김서영(연기: 이정재)과 그의 경쟁자들,
그들을 조종하는 비밀 조직의 구성원들이 등장합니다.

질문: 대한해협을 사람이 걸어서 건넌 시간의 세계 기록을 알려
줘.(한글 질문)

답: 1950년 12월 22일로 당시 한국과 일본을 잇는 대한해협
을 27시간 31분 동안 걸어서 건넌 '홍옥이' 씨가 세계 최
초로 기록했습니다.[8]

위 내용은 필자가 직접 챗GPT-3.5에게 질문하고 받은 답변을 옮긴 것이다. 첫 번째 질문에 챗GPT는 잘못된 대답을 했다. 「오징어게임」의 주인공은 '성기훈'인데 '강사네'라고 대답했다. 거기에 덧붙여 그의 본명, 과거, 배경도 알려지지 않았다고 했다. 두 번째 질문 역시 엉뚱한 답을 내놓았다. 사람이 대한해협을 걸어서 건널 수 없는데도 버젓이 세계 기록 보유자를 얘기하고 있으며 들어보지도 못한 '홍옥이' 씨도 등장한다. 정확하지 않은 정보를 그럴듯하게 내놓는다. 챗GPT의 답변 내용을 중요한 보고서에 썼다가는 자칫 큰 낭패를 볼 수 있을 것이다. 이렇듯 챗GPT는 기본적인 정보 체크에는 도움이 되지만 항상 믿을 수 있는 자료를 제공하지는 않는다. 개발사인 오픈AI도 이미 틀린 답이 발생할 가능성을 잘 알고 있다. 종종 오류 정보, 유해하거나 편향된 내용을 생성할 수 있다고 공지해 놓았다.

챗GPT가 틀린 대답을 하는 대표적 이유 중 하나는 데이터세트 학습 시점 때문이다. 예를 들자면 한국 대통령의 이름을 물으면 전임 대통령의 이름을 답하거나 엉뚱한 이름을 내놓는다. 챗GPT는 검색 엔진처럼 실시간 정보를 수집하는 것이 아니라 보유한 데이터세트가 2021년까지의 정보라서 그렇다. 따라서 최근 이슈에는 제대로 답을 하지 못한다. 또 하나는 생성 알고리즘에 따른 잘못된 답변으로 사실상 가장 치명적이다. 챗GPT와 같은 인공지능은 거대한 규모의 비슷한 질문들을 통계적으로 분석해서 확률적으로 가장 많이 나오는 말들을 선택하여 답변을 만든다. 이때 통계는 옳거나 옳지 않음을 판단하지 않는다. 챗GPT를 통해 얻은 정보가 틀릴 수도 있다는 얘기다. 엄청난 속도로 발전하고 있는 생성형 인공지능 시대에 인공지능 기술에 맞춰 올바르게 정보를 판별하는 능력, 즉 데이터 리터러시가 더 중요해지는 이유다.[9]

연세대학교 행정학과 최영준 교수가 2023년 1학기 첫 수업에 들어가기 전에 챗GPT에게 '생성형 인공지능 시대에 학생들에게 무엇을 가르쳐야 하는지'와 '어떠한 역량이 제일 중요한지'를 물었다. 그랬더니 챗GPT가 창의성, 혁신, 토론, 윤리적 결정, '데이터 리터러시' 등의 답변을 제시했다고 한다.[10] 최 교수는 "특히 데이터를 읽고 이해하는 능력이 굉장히 중요하다."라고 하면서 "이와 관련된 교육을 적극적으로 해야 한다."라고 주장했다.

챗GPT를 포함한 생성형 인공지능이 발전하면서 데이터를 이해하고 의사결정 등에 데이터를 활용하는 데이터 리터러시가 향후 10년의 더욱 강력한 무기가 될 것으로 보인다. 이에 따라 데이터 리터러시가 높은 사람이 미래에 커다란 경쟁력을 갖게 되는 이유를 정리하면 다음과 같다. 첫째, 데이터 수집, 정제, 분석, 해석 등의 업무를 수행할 수 있고 이를 통해 더욱 정확하고 유용한 인공지능 모델을 개발할 수 있기 때문이다. 인공지능 분야에서 더욱 적극적인 역할을 수행할 수 있어 미래 경쟁 우위를 유지할 수 있다. 둘째, 생성형 인공지능 모델이 내놓은 결과를 해석하고 모델의 한계를 파악할 수 있기 때문이다. 생성형 인공지능 모델은 학습 데이터를 기반으로 답변을 생성하므로 모델이 내놓은 결과를 해석하는 것이 중요해질 것이다. 셋째, 데이터를 분석하여 제품 개발, 마케팅 전략 수립, 고객 서비스 향상 등 비즈니스 가치를 창출할 수 있기 때문이다. 넷째, 보안과 개인정보 보호에 대한 이해도가 높아 안전하게 데이터를 관리하고 보호할 수 있고 인공지능의 윤리적인 사용과 발전을 이끌어낼 수 있기 때문이다. 이외에도 데이터 리터러시가 높은 사람은 인공지능 분야뿐만 아니라 경영학, 통계학, 데이터 분석, 컴퓨터 공학 등 다양한 분야에서도 더욱 적극적인 역할을 할 수 있다. 이를 통해 미래의 성장 동력을 발굴할 수 있다.

데이터 리터러시가 높은 기업 역시 향후 10년의 승리자가 될 가능성이 크다. 데이터 리터러시가 높은 기업은 데이터에 기반한 의사결정을 통해 경영 전략과 비즈니스 모델을 개선할 수 있다. 데이터를 기반으로 제품과 서비스 개발, 마케팅 전략 수립, 고객 세분화, 고객 만족도를 향상함으로써 경쟁 우위를 유지하고 새로운 시장을 개척할 수 있다. 아울러 조직의 데이터 수집, 정제, 분석, 해석 등의 역량을 바탕으로 인공지능 모델 개발에서 앞서갈 수 있고 관련 분야의 우수 인재를 유치하는 데도 유리하다.

정리하자면 우리가 인공지능을 활용할 때는 인공지능에게 정확하게 질문을 하고 그 답변 결과를 잘 해석하여 적절한 의사결정을 할 수 있어야 문제를 해결할 수 있다. 챗GPT 시대에는 인공지능을 잘 활용하되 그 결과물을 검증하고 옳고 그름을 판별해내는 데이터 리터러시를 갖춤으로써 미래 경쟁에 대비해야 한다.

3장

데이터 리터러시
어떻게 시작할까

1.
데이터에 숨겨진 인사이트를
스스로 찾아야 한다

　데이터 분석과 활용을 요리와 비교해보겠다. 탕수육을 만든다고 해보자. 우선 돼지고기, 튀김가루, 기름, 각종 야채 등 재료가 필요하다. 둘째, 레시피를 알아야 한다. 요리하는 순서, 방법, 주의할 점을 미리 공부하고 따라 하면 요리가 쉽다. 셋째, 웍, 칼, 도마, 그릇 등 요리도구를 준비한다. 넷째, 요리사가 중요하다. 요리사가 채식주의자라면 아마도 돼지고기가 아니라 콩고기를 사용할 것이고 요리에 대한 경험, 열정, 호기심에 따라 새로운 탕수육이 탄생할 수도 있다.

　마찬가지로 데이터 분석과 활용을 위해서는 우선 데이터가 필요하다. 내부에서 수집된 판매 데이터나 고객 데이터, 외부에서 찾은 구글 트렌드, 통계청 데이터, 유료 데이터 등이 있어야 한다. 만약 상사로부터 상반기 상품 판매 분석을 요청받아 IT 부서에 자료 산출을 의뢰했다면 이 자료들도 좋은 데이터가 된다. 이러한 데이터들은 잘 수집하고 관리해야 좋은 결과가 나온다. 둘째, 개념이나 기법을 알아야 한다. 예를 들면 온라인 방문자 수, 이탈률 등과 같이 분석하고자 하는 데이터에 대한 용어를 익숙하게 알아야 하고 숫자로 작업해야 하기에 간단한 통계 개념을 이해해야 한다. 셋째, 데이터를 적합한 방법으로 분석할 수 있는 분석 도구가 있어야 한다. 흔히 쓰는 엑셀이나 SQL부터 오픈소스인 R, 파이썬, 오렌지 Orange 등이 있다. 최근에 관심이 커진 각종 시각화 도구도 포함된다. 아무래도 능숙하게 다루면 데이터를 좀 더 쉽고 빠르고 정확하게 분석할 수 있을 것이다. 넷째, 사람이 중요하다. 그 사람이 현업에 대해 좀 더 많이 이해할수록 데이터를 더 잘 활용할 수 있을 것이다. 요리와 마찬가지로 열정, 호기심, 비판적 시각의 여부에 따라 새로운 결과를 만들어낼 것이다.

요리를 위한 4가지 요소	데이터 분석과 활용을 위한 4가지 요소
① 재료 ② 레시피 ③ 요리도구 ④ 요리사	① 데이터 ② 개념이나 기법 ③ 분석 도구 ④ 사람

　　결국 데이터 활용 능력, 즉 데이터 리터러시를 키우려면 이러한 4가지 요소에 대한 올바른 이해, 학습, 그리고 충분한 습득이 필요하다. 그렇다면 이러한 4가지 요소에 비추어 봤을 때 현재 나의 데이터 리터러시는 어느 정도 수준일까? BI 소프트웨어 회사인 클릭 Qlik에서 제공하는 10가지 평가항목에 답해보자.

1. 만약 당신이 이 데이터 시각화 자료를 본다면 어떻게 느끼겠는가?

2. 당신은 업무에 데이터를 어느 정도 자주 사용하는가?

3. 데이터에 얼마나 자주 압도당하는가?

4. 데이터를 이해하는 것이 읽기나 쓰기만큼 중요하다는 것에 동의하는가?

5. 데이터로 이야기를 전달하는 능력의 중요성에 대해 얼마나 아는가?

6. 데이터세트에서 중심값을 측정하기 위해 사용하는 중심화 경향값을 사용하는 것에 익숙한가?

7. 극단치를 사용할 때 데이터가 다르게 분석될 수도 있는데 어떻게 그것들을 사용하는가?

8. 상관관계는 얼마나 자주 인과관계를 의미하는가?

9. 데이터 시각화에 대해 어떻게 생각하는가?

10. 예측 분석을 통해 패턴과 추세를 찾아 미래를 내다볼 수 있다는 데 동의하는가?

애리조나 교육부도 '나의 데이터 리터러시 IQ는 얼마일까요?'라는 7개의 평가항목을 제공하고 있다.[1] 7개 항목 모두 5점 척도이며 종합 점수가 13점 이하이면 '지원 필요' 14~18점이면 '초보 수준' 19~24점이면 '적절한 수준' 25~28점이면 '강력한 수준'으로 평가된다. 이 외에도 무료 측정 사이트들이 많으니 본인의 데이터 리터러시가 어느 정도인지 평가해보기를 바란다.

각 문항을 읽고 0~4점으로 평가하시오.	4 항상 그렇다	3 대체로 그렇다	2 약간 그렇다	1 거의 안 그렇다	0 전혀 안 그렇다
1. 지속: 나는 데이터를 지 속적으로 사용한다.	4	3	2	1	0
2. 효과: 나는 데이터를 학 습이나 업무 개선 목적으 로 효과적으로 활용한다.	4	3	2	1	0
3. 윤리: 나는 데이터를 의 도된 용도로 사용해 윤리 적 무결성을 적용한다.	4	3	2	1	0
4. 접근: 나는 당면한 문제 나 질문을 적절하게 해결 하기 위해 데이터에 접근 한다.	4	3	2	1	0
5. 해석: 나는 데이터를 분 석하고 합성할 수 있다.	4	3	2	1	0

　최근 데이터 리터러시에 관심이 늘어나면서 데이터 기반의 문제 해결 등 다양한 데이터 리터러시 교육도 등장하고 있다. 미국의 일간지 『뉴욕타임스』는 「그래프는 무엇을 말하고 있을까?」란 제목으로 독자들이 그래프를 읽고 숨겨진 인사이트를 스스로 찾아낼 수 있도록 도와주는 콘텐츠를 발행하고 있다. 2023년 1월 18일에는 '대학생들은 2025년에 수업을 어떻게 경험하게 될까(대면, 온라인, 하이브리드 수업 중에서)?'라는 제목의 그래프가 게재됐다.[2] 데이터 출처는 품질보증기관인 퀄리티매터즈Quality Matters에서 배포한 2022년 1~2월 온라인 설문조사 결과다. 미국의 4,700개 대학의 최고 온라인 책임자로부터 271개의 응답을 받았다고 한다. 이 그래프를 분석하면 미국 대학 전문가들이 미래 학생들의 수업 유형

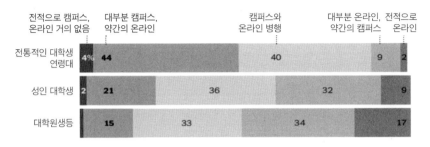

대학생들은 2025년에 수업을 어떻게 경험하게 될까?

	전적으로 캠퍼스, 온라인 거의 없음	대부분 캠퍼스, 약간의 온라인	캠퍼스와 온라인 병행	대부분 온라인, 약간의 캠퍼스	전적으로 온라인
전통적인 대학생 연령대	4%	44	40	9	2
성인 대학생	2	21	36	32	9
대학원생 등		15	33	34	17

(출처: 『뉴욕타임스』, 「그래프는 무엇을 말하고 있을까?」)

(대면, 온라인, 하이브리드)을 어떻게 전망하는지를 부분적으로 알 수 있다. 독자들은 이 그래프를 자세히 본 후 다음과 같은 4가지 질문을 받는다.

1. 무엇을 알 수 있는가? 그리고 그래프에서 이를 뒷받침하는 증거는 무엇인가?
2. 무엇을 궁금해하는가?
3. 자신이 속해 있는 커뮤니티와 어떤 관련이 있는가?
4. 이 그래프에서 무슨 일이 일어나고 있는가?

독자들은 위 질문에 답을 하고 아이디어를 나타내는 헤드라인을 만들도록 요청받는다. 이 그래프를 가지고 미국통계협회ASA 교사들 주관으로 온라인을 통해 실시간 토론을 벌일 예정이라고 한다. 어린 학생들도 많이 참여한다고 한다. 이 신문사의 콘텐츠가 전 국민의 데이터 리터러시 수준 향상에 크게 기여하고 있다.

2.
데이터를 제대로 읽고
다루고 전달해야 한다

　데이터 리터러시의 역량은 데이터를 기술적으로 다루는 것에서부터 데이터에 숨겨진 통찰력을 도출해내는 등 데이터 활용 전반에 필요로 하는 역량을 의미한다. 흔히들 이 역량을 일상생활에서는 '통계적 수치를 비판적으로 읽는 역량'이라고 말하고 조직 차원에서는 '데이터를 활용해 효과적으로 문제를 해결하는 역량'이라고 얘기한다. 하지만 데이터 리터러시를 측정하거나 체계적인 역량 향상 교육을 위해서는 데이터 리터러시와 관련된 세부 역량이 무엇인지를 알아야 한다. 세부 역량에 관한 연구도 오랜 기간 많이 진행됐는데 그중 캐나다 사례를 소개한다.

　2015년 캐나다 댈하우지대학교는 「데이터 리터러시 교육을 위한 전략 및 모범 사례 지식 종합 보고서」를 발표했다.[3] 이 보고서에 따르면 '데이터 리터러시는 비판적 태도로 데이터를 수집, 관리, 평가, 활용할 수 있는 능력이다.'라고 정의하고 그에 따른 핵심 역량,

세부 역량, 그리고 필요한 활동에 대해 체계적으로 기술했다. 5가지 핵심 역량과 각각의 세부 역량을 보면 다음과 같다.

① 개념적 프레임 구축: 데이터에 대한 개요 파악
② 데이터 수집: 데이터 검색, 수집, 데이터 품질 평가
③ 데이터 관리: 데이터 구성, 데이터 처리
④ 데이터 평가: 데이터 분석, 데이터 이해와 해석, 데이터 기반 문제 파악, 데이터 시각화, 데이터 설명, 데이터 기반 의사결정
⑤ 데이터 활용: 비판적 사고, 데이터 문화, 데이터 윤리, 데이터 인용, 데이터 공유, 데이터 기반 의사결정 평가

이 보고서는 데이터 리터러시를 높이기 위해 데이터에 대한 전반적인 지식과 이해, 탐색, 출처에 대한 신뢰도 평가, 기본 구성 방법과 도구에 대한 지식 습득을 강조한다. 그리고 데이터 정리 방법 평가, 데이터 분석 계획 수립, 차트·표·그래프 독해, 실제 상황에서 데이터를 사용해 문제 파악하기 등도 중요하다고 말한다. 또한 데이터의 체계화와 시각적 제시를 위한 의미 있는 표 작성, 명확하고 일관된 주장 또는 결과 제시, 데이터에서 얻은 정보의 우선순위 지정, 데이터와 관련된 높은 수준의 문제와 당면과제 파악, 조직에 데이터의 중요성 인지 역시 필요한 활동이다.

그뿐만 아니라 법적·윤리적 문제 인식, 데이터 인용 방법에 대한 지식 확산, 데이터 공유를 위한 방법과 플랫폼 평가, 데이터 기반 의사결정 평가 등의 활동이 중요하다고 했다. 핵심 역량, 세부 역

마이데이터의 정의와 원칙

주요 역량	세부 역량	주요 필요한 활동
개념적 프레임 구축	데이터 개요 파악	데이터에 대한 전반적인 지식과 이해
데이터 수집	데이터 검색 및 수집	데이터 탐색
	데이터 품질 평가	데이터 출처에 대한 신뢰도 평가
데이터 관리	데이터 구성	기본 데이터 구성 방법과 도구에 대한 지식 습득
	데이터 처리	데이터 정리 방법 평가
데이터 평가	데이터 분석	데이터 분석 계획 수립
	데이터 이해 및 해석	차트, 표, 그래프 독해
	데이터 기반 문제 파악	실제 상황에서 데이터를 사용해 문제 파악
	데이터 시각화	데이터의 체계화와 시각적 제시를 위한 의미 있는 표 작성
	데이터 설명	명확하고 일관된 주장 또는 결과 제시
	데이터 기반 의사결정	데이터에서 얻은 정보의 우선순위 지정
데이터 활용	비판적 사고	데이터와 관련된 높은 수준의 문제와 당면과제 파악
	데이터 문화	학습, 연구, 의사결정을 위한 데이터의 중요성 인지
	데이터 윤리	데이터와 관련된 법적, 윤리적 문제에 대한 인식
	데이터 인용	널리 수용되는 데이터 인용 방법에 대한 지식 확산
	데이터 공유	데이터 공유를 위한 방법과 플랫폼 평가
	데이터 기반 의사결정 평가	데이터 기반 의사결정 또는 솔루션 효과 평가

(출처: 댈하우지대학교, 2015, 데이터 리터러시 교육을 위한 전략 및 모범 사례 지식 종합 보고서)

데이터 리터러시 핵심 역량

데이터 기획	⇨	데이터 수집	⇨	데이터 관리	⇨	데이터 분석	⇨	데이터 시각화
데이터 제대로 읽기		데이터 제대로 다루기						데이터 제대로 전달하기

량, 필요 활동에 대해 잘 정리돼 있으니 한번 읽어보길 바란다.

데이터 리터러시 핵심 역량을 독자 여러분이 이해하기 쉽도록 데이터 분석 흐름에 따라 '데이터 기획→데이터 수집→데이터 관리→데이터 분석→데이터 시각화' 역량으로 간단히 정리해보았다.

우선 데이터 기획 역량은 데이터 간의 관계를 이해하고 전체적인 데이터 활용 계획을 세우는 능력이다. 데이터 수집 역량은 필요한 데이터를 신속하게 검색하고 선별해 확보할 수 있는 능력이다. 데이터 관리 역량은 데이터를 분석이 가능한 형태로 정제하고 구조화하는 능력이다. 데이터 분석 역량은 데이터를 목적에 맞는 분석 방법을 사용해 유의미한 결과를 도출하는 능력이다. 수집된 데이터를 처리하고 의미를 적절하게 해석해 의미 있는 결론까지 도달할 수 있어야 한다. 마지막으로 데이터 시각화 역량은 데이터를 다른 사람이 이해할 수 있도록 차트나 그래프 등의 형태로 시각화해 표현하는 것이다. 가공된 데이터를 혼자만 알고 있는 것이 아니라 사람들이 이해하기 쉽게 시각화해 보기 좋게 보여주는 역량도 중요하다. 더불어 적절한 데이터 스토리텔링이 진행된다면 의사결정자들이 전체 그림을 쉽게 이해할 수 있게 되고 실행까지 물 흐르듯 이어질 수 있다.

단계별로 살펴보자. 1단계 데이터 제대로 읽기 역량(데이터 이해와 기획), 2단계 데이터 제대로 다루기 역량(수집, 관리, 분석), 3단계 데이터 제대로 전달하기 역량(데이터 시각화)으로 나눌 수 있다. 데이터를 제대로 읽는다는 것은 데이터가 무엇이고 무엇을 나타내는지 이해하는 것을 뜻한다. 각 데이터의 중요성과 함께 정량적·정성적 데이터의 이해와 다양한 차트나 그래프를 해석하는 방법도 포함된다. 이렇게 데이터 이해를 기반으로 목적에 맞게 데이터 분석을 기획해야 한다.

데이터를 제대로 다룬다는 것은 데이터를 생성하고 획득하고 관리하고 분석하는 능력을 의미한다. 따라서 데이터를 수집하고 정리하는 방법과 함께 문제해결을 위한 적합한 분석 방법과 도구를 능숙하게 사용하도록 교육해야 한다. 데이터를 제대로 전달하는 역량은 수집된 정보를 사용해 더 확장된 내러티브Narrative, 즉 이야기를 전달하는 방식을 지원하고 시각화나 스토리텔링을 통해 다른 사람에게 효과적으로 설명하는 것을 의미한다.

결론적으로 데이터 리터러시 역량이 뛰어난 사람은 데이터 분석 과정을 계획, 실행, 개선하는 능력(기획), 필요 데이터를 선별적으로 추출하는 능력(수집), 원본 데이터를 분석 가능한 형태로 전환하는 능력(관리), 다양한 수준으로 정량적·정성적으로 데이터를 분석하는 능력(분석), 알기 쉽고 소통하기 편한 방식으로 데이터를 표현하는 능력(시각화)이 탁월한 사람이다. 더 간단히 얘기하면 데이터를 제대로 읽고 제대로 다루고 제대로 전달하는 사람이다.

3.
데이터 이전에 사람의
생각이 먼저다

　이미 여러분은 데이터 수집, 관리, 분석에 대해서는 많이 알고 있을 것이다. 하지만 데이터 기획과 같은 데이터 활용 계획을 세우고 통찰력을 도출해내는 역량에 대해서는 이해가 다소 부족하지 않나 싶다. 나는 데이터를 활용하는 데 도구와 기법을 얼마나 잘 다루는가의 문제보다도 데이터를 기반으로 문제를 바라보고 데이터로부터 의미와 맥락을 도출해내는 관점과 역량이 더 중요하다고 본다.

　올바른 데이터 리터러시를 갖추기 위해서는 데이터나 분석 도구 이전에 '사람의 생각이 먼저다.'라는 점을 잊지 말아야 한다. 데이터 분석과 합리적 사고 기반의 문제해결 전문가인 카시와기 요시키는 저서 『빅데이터 시대, 성과를 이끌어 내는 데이터 문해력』에서 데이터를 최대한 활용하고 가치 있는 결과물을 도출하려면 기계와 도구 조작법을 깊게 이해하는 것과 별개로 우리가 직접 익혀야 하는 고도로 가치 있는 기술이 필요하다고 했다.[4] 그는 '생각하

데이터 리터러시 3가지 상자

생각하고		작업하고		생각한다
1 분석 전에 문제와 목적을 정의하고 가설을 구축하기	⇨	2 분석을 위한 기술과 지식을 활용하기	⇨	3 분석 결과에 대해 해석하고 스토리를 구축하기

(출처: 카시와기 요시키, 『빅데이터 시대, 성과를 이끌어 내는 데이터 문해력』)

고(문제와 목적 정의 및 가설 구축)' '작업하고(분석을 위한 기술 및 지식 활용)' '생각하는(분석 결과에 대한 해석 및 결론)' 3가지 상자가 필요하다고 주장한다.

통계나 분석 방법 등의 도구나 기계가 사람보다 더 잘하는 부분이 ②번 상자다. 그런데 ②번 상자는 ①번 상자, 즉 '문제와 목적 정의, 가설 구축'이 선행돼야만 효력이 생긴다. 또한 ②번 상자를 통해 산출된 값은 어디까지나 계산에 따라 나온 분석 '결과'에 불과하다. 그런데 이 '결과'는 ①번 상자에서 정의한 문제와 목적에 직접적인 해답이 되기 어려운 경우가 많다. 따라서 ③번 상자에서 문제와 목적에 맞는 해석과 스토리를 추가해 '결론'을 내리게 된다.

카시와기 요시키는 야구의 규칙을 알고 있다고 해서 안타를 칠 수는 없는 것과 마찬가지로 ②번 상자보다는 ①번 상자와 ③번 상자, 즉 통계나 분석 방법을 활용하기 위한 '사고방식'이 더욱 중요하다고 강조한다. 그의 주장은 데이터를 활용할 때 도구나 기계가 아무리 좋은 기능이 있더라도 목적에 맞는 필요한 정보와 적합한 목표를 주지 않으면 제대로 작동될 수 없다는 얘기다. 너무나도 쉽고 뻔한 얘기지만 정말 마음에 와닿는 설명이다.

나도 실무에서 많은 분이 데이터를 열심히 모아 차트나 그래프로 만든 다음 어떻게 활용할지 몰라서 '이걸로 무엇을 설명할 수 있을까?' '그렇다면 분석 방법이 틀렸나?'라고 고민하는 것을 자주 봤다. 통상 사람들이 데이터를 성공적으로 활용하지 못하는 것은 앞의 ②번 상자보다는 ①번 상자와 ③번 상자가 부족하거나 적절하지 못했던 경우가 많은 것 같다. 내가 알고 싶은 것에 따라 데이터를 수집하고 분석해서 그 결과를 검증하고 결론으로 도출해야 하는데 그렇지 않고 데이터와 도구에만 매몰돼 있다. 물론 데이터 활용을 위해 ②번 상자인 분석 이론, 방법, 도구를 배워두면 원리를 이해해 훨씬 도움이 된다. 하지만 그 이전에 먼저 생각하고-작업하고-생각하는 사고방식, 즉 자신의 문제와 목적에 따라 데이터를 적절하게 활용해서 가치 있는 결과물을 낼 수 있도록 하는 사고방식이 더 중요하다. 이것이 문제를 해결할 수 있는 올바른 데이터 리터러시다.

　이외에도 데이터 리터러시와 관련해 오해 몇 가지를 소개하겠다. 첫째, 많은 분이 데이터 리터러시를 데이터 속의 숨겨진 의미를 찾는 것으로만 생각하는 경우가 많다. 앞서 얘기한 대로 '데이터 문해력'이라는 사전적 의미 때문에 그런 것 같다. 의미를 찾는 것에만 집중하면 반쪽짜리 데이터 분석이 되기 십상이다. 데이터 속의 무언가를 읽어내는 것으로 너무 협소하게 이해하는 것보다는 데이터를 통해 더 빠르게 더 나은 결정으로 문제를 해결할 수 있다는 관점으로 확장해 접근하는 것이 좋다.

　둘째, 전 구성원이 동일한 수준의 데이터 리터러시를 갖추어야 한다고 생각하는 것이다. 모두 데이터 과학자가 될 필요도 없을뿐더러 각자 맡은 업무에 따라 적정한 수준의 데이터 리터러시를 갖추면 된다.

셋째, 데이터 리터러시의 정도를 분석 도구나 시각화 도구를 얼마나 잘 다루느냐로 판단하는 것이다. 실제 현장에서도 분석 도구를 잘 다루는 사람이 최고라고 인정받는 경우가 많다. 하지만 R이나 파이썬을 잘 다룬다고 해서 꼭 중요한 문제를 잘 해결하는 것은 아니다. 데이터 분석 도구는 우리가 어떤 문제를 해결하고자 할 때 사용하는 도구다. 앞서 말한 세 가지 상자의 예처럼 사람의 생각이 우선이기에 목적과 해결 중심의 사고방식이 더 선행돼야 한다.

기술적 도구 이전에 사람의 사고방식이 더욱 중요하다는 이념 아래 데이터 리터러시 교육을 선도하는 대학이 있다. 바로 UC버클리대학교이다. 이 학교는 '데이터 리터러시는 버클리 대학 졸업생 모두가 가져야 할 기본 역량이다. 데이터 과학이란 단순한 기술적 도구 이상이자 바로 사고방식이다.'라고 강조한다.[5] 이러한 기조에 따라 한 학기 동안 4단원으로 구성된 '데이터 과학의 기초' 과목을 운영하고 있다.

이 교과목은 추론적 사고, 컴퓨팅적 사고, 현실 세계와의 관련성이라는 3가지 관점을 기반으로 만들어졌다. 학생들은 각종 문서 모음, 경제와 지리 데이터, 소셜 네트워크 서비스 등을 포함한 실제 데이터를 직접 분석해보고 이러한 경험을 바탕으로 통계 추론과 컴퓨터 프로그래밍의 개념과 기법을 배운다. 통계학 수업과 유사해 보이지만 현실 세계의 데이터를 이해하고 다양하게 활용하기 위한 수단으로 통계를 학습한다. 즉 통계를 세상을 바라보며 이슈를 탐구하는 과정에서 필요한 도구로 인식하는 것이다. 이러한 시각으로 데이터 리터러시를 높여 문제해결 능력을 기르고 지식을 창출하고 근거 있는 판단과 의사결정을 할 수 있도록 돕는 것이 이 교과목의 목적이다.

또한 이 교과목은 데이터가 어디서 왔는지, 데이터의 한계는 무엇인지, 어떻게 좋은 질문을 할 수 있는지를 아는 것에 초점을 둔다. 이외에도 개인정보 보호와 익명화, 윤리적 의사결정, 데이터 신뢰성과 유효성 모범 사례도 검토하며 실제 문제를 다루기 위해 건강이나 역사와 같은 연구 분야도 활용한다.

이 교과목은 과학을 전문적으로 공부하려는 학생들은 물론 인문계 학생들을 포함해 모든 학생이 수강할 수 있다. 문과와 이과 전공 학생들 간 데이터 리터러시의 격차를 없애는 데 큰 역할을 하고 있다.

4.
파격 기업은
데이터 리터러시가 높다

요즘 들어 우리 기업들도 데이터 리터러시를 높이기 위해 다양한 노력을 하고 있다. 데이터를 거의 실시간에 가깝게 제공하고 보고 싶은 경영 지표를 모두 넣어 대시보드를 만들고 직원들 대상으로 교육도 진행하고 있다. 그렇다면 기업의 데이터 리터러시가 높다는 것은 어떤 수준일까?

클릭은 기업의 데이터 리터러시를 '조직 전체의 데이터를 읽고 분석하고 의사결정에 활용하고 논쟁하고 의사소통하는 조직적 능력'으로 정의했다.[6] 기업의 데이터 리터러시를 단순히 데이터 전담 부서나 전문가의 역량으로만 한정하지 않고 조직 전체의 역량으로 확장한 것이다. 이러한 정의를 토대로 클릭은 미국의 경영전문대학원인 펜실베이니아대학교 와튼스쿨의 교수들과 협력해 기업의 데이터 리터러시 측정 시스템을 개발했다.[7] 이 측정 항목은 크게 조직 전체에 걸친 데이터 사용 스킬, 데이터 기반 의사결정, 데이터 분산의 3가지 축을 중심으로 설계됐다. 세부적인 사항은 다음과 같다. 첫째, 데이터 사용 스킬은 데이터 전문직원의 채용과 함께 전 직원이 역할에 맞게 데이터를 사용하도록 교육 프로그램이 얼마나 잘돼 있는지를 측정한다. 둘째, 데이터 기반 의사결정은 구성원이 자신의 역할에서 의사결정에 필요한 데이터에 쉽게 접근할 수 있는지와 데이터 자원들이 데이터 기반 의사결정을 지원하는 방식으로 잘 구현돼 있는지를 측정한다. 셋째, 데이터 분산은 조직 전체에 걸쳐 데이터 사용이 얼마나 광범위하게 퍼져 있는지와 모든 부서가 통찰력을 도출하고 이에 따라 행동할 수 있는지를 측정한다.

2020년 『하버드 비즈니스 리뷰HBR』에서는 팀의 데이터 리터러시를 높이기 위해서는 6가지 역량을 갖춰야 한다고 말한다.[8] 첫째, 좋은 질문을 할 수 있는 역량. 둘째, 필요한 데이터를 선별하고 검증할 수 있는 역량. 셋째, 데이터 해석을 기반으로 쓸모 있는 결론을 만들어내는 역량. 넷째, A/B 테스트를 통해 가설을 검증함으로써 결과를 판별할 수 있는 역량. 다섯째, 의사결정자들이 이해하기 쉽게 분석 결과를 표현할 수 있는 역량. 여섯째, 데이터 스토리텔링을 통해 의사결정자들이 전체 그림을 이해하고 분석 결과에 따라 실행하게 하는 역량이 중요하다고 얘기하고 있다.

그렇다면 데이터 리터러시가 높은 기업은 어떻게 다를까? 데이터 중심 기업으로 도약하기 위해 글로벌 기업들은 어떻게 대응하는지 알아보자. 나이키는 2019년 유통 플랫폼 아마존을 거치지 않고 고객을 자사 몰로 유입시켜 직접 판매하는 D2C(고객에게 직접 제품 판매) 전략을 선택했다. 왜 이런 전략을 선택했을까? 고객과 직접 소통하는 채널을 확보함으로써 고객의 구입 금액, 구매 주기, 행동 패턴 등에 대한 데이터를 확보하기 위해서다. 나이키는 이러한 고객 데이터를 활용해 변화하는 고객의 구매 여정을 파악하고 고객 취향을 이해해 선호도에 맞는 새로운 경험을 제공하고 있다. 에어비앤비는 모든 직원이 데이터에 기반한 의사결정을 할 수 있도록 사내 데이터 유니버시티를 만들어 운용하고 있다. 리바이스 역시 데이터 활용도와 디지털 기술에 대한 이해도를 높이기 위해 구성원들에게 데이터와 인공지능 교육을 실시하고 있다. 이렇듯 데이터 리터러시는 구성원 개개인이 데이터의 중요성을 느끼고 데이터와 친해지는 것부터 시작해야 한다.

국내 기업의 사례도 살펴보자. 야놀자는 '데이터가 모든 판단의 기준이다'를 표방하고 구성원의 사고와 행동의 기준으로 데이터 중심을 제시하고 있다. IT 부서로만 국한하지 않고 여러 부서에서 활용할 수 있도록 빅데이터 접근 권한을 넓히고 기획·영업·마케팅 부서 구성원들도 직접 쿼리를 짜고 대시보드를 만들어서 데이터를 분석할 수 있도록 지원한다.

맥킨지는 글로벌 1,000개 기업의 데이터와 관련된 지표를 조사해 데이터 리터러시가 높은 기업의 특징을 발표했다. 데이터를 잘 활용하는 기업을 '파격 기업'으로 구분했는데 조사한 기업의 8% 정도만 해당됐다고 한다. 파격 기업은 일반 기업과 다른 9가지 특징이 있다. 첫째, 데이터 전략과 관련해 경영진으로부터 강력하고 일치된 승인을 얻을 수 있다. 둘째, 데이터에 대한 투자를 늘린다.

데이터 리터러시가 높은 조직의 특징[9]

카테고리	뛰어난 영역
전략에 정렬	1. 모든 경영진으로부터 강력하고 일치된 승인을 얻을 수 있음
	2. 라스트 마일*에 초점을 맞추어 분석 투자를 확대함
데이터, 기술, 사람 등에 대해 토대를 마련	3. 강력한 데이터 거버넌스와 함께 명확한 데이터 전략을 개발함
	4. 정교한 분석 방법론을 사용함
	5. 인재 확보 전략에 따라 뛰어난 분석 전문가들을 보유함
	6. 교차 기능을 다루는 협업 애자일팀을 운영함
의사결정과 프로세스에 분석을 내재화함으로써 라스트 마일을 정복	7. 최고 수준의 의사결정 프로세스에 우선순위를 둠
	8. 의사결정 권한과 책임을 명확하게 설정함
	9. 현장 관리자들에게 증강된 분석 환경을 제공함

(출처: 맥킨지(2018), 「Breaking away: The secrets to scaling analytics」)

셋째, 강력한 데이터 거버넌스와 전략이 있다. 넷째, 정교한 분석 방법론을 사용한다. 다섯째, 인재 확보를 열심히 한다. 여섯째, 애자일팀을 운영한다. 일곱째, 의사결정에 분석을 최우선으로 고려한다. 여덟째, 권한과 책임을 명확히 한다. 아홉째, 현장에 다양한 분석 환경을 제공한다.

추가로 맥킨지는 파격 기업과 일반 기업 간의 차이점도 살펴보았다. 우선 '견고한 데이터 전략을 수립하고 있는가?'라는 질문에 그렇다고 응답한 비율은 파격 기업이 67%, 일반 기업이 27%였다.

---

* '고객에게 상품이나 서비스가 최종 전달되는 프로세스의 마지막 단계'라는 뜻으로 주로 유통이나 물류산업에서 사용하는 용어. 통상 비용이 많이 수반되는 프로세스이지만 고객 입장에서는 구매 후 첫 경험을 하는 중요한 단계다.

'강력한 데이터 거버넌스를 적용하고 있다.'라는 응답은 파격 기업이 63%, 일반 기업이 32%였다. '명확한 데이터 분석 방법론을 활용하고 있다.'라는 응답은 파격 기업이 63%, 일반 기업이 24%였다. "잘 정의된 분석 역할과 커리어패스를 운영하고 있다."라는 응답은 파격 기업이 60%, 일반 기업은 22%라는 결과를 보여주었다. 파격 기업과 일반 기업의 차이가 평균 두 배 이상이다.

파격 기업은 데이터가 주는 충격과 가능성을 이해하고 미리 준비하는 반면에 일반 기업은 과거 패러다임에 머물러 있는 것으로 보인다. 와튼스쿨과 글로벌 시장조사 업체인 IHS마킷의 조사에 따르면 데이터 리터러시 수준이 높은 기업은 그렇지 않은 기업에 비해 기업가치가 5% 정도(3억 2,000만~5억 3,400만 달러) 높은 것으로 나타났다. 또한 클릭이 조사한 자료에 따르면 리터러시를 갖춘 사람 중에 73%가 업무 성과 향상을 경험했다고 한다. 데이터가 업무에 큰 도움이 된다고 응답한 사람은 94%였다. 데이터를 가지고 일할 때 조직에서 더 많은 신뢰를 받는다고 응답한 사람도 82%에 달했다.

이렇듯 데이터가 업무에 도움이 되고 신뢰를 얻게 해준다는 것은 일하는 방식이 그만큼 데이터를 활용하는 방식으로 바뀌고 있다는 것이다. 데이터를 활용한다면 그동안의 주관적 판단과 결정이 아니라 객관적 사실에 기반한 통찰력을 통해 훨씬 스마트하고 정확해질 수 있다. 이제는 기업에서 현업 직원들도 데이터 리터러시를 갖추어야 한다. 현업에서 필요한 분석이 무엇인지 직접 정의할 수 있어야 하기 때문이다. 하지만 이러한 수준의 데이터 리터러시 역량을 확보하기까지는 어느 정도의 시간과 노력이 필요할 것으로 보인다. 그래서 현재 많은 기업이 회사 내 데이터 분석 전담 조직을 별도로 구성하고 있다. 그러나 결국 통찰력을 활용하는 부서는 현업부서다. 현장에 있는 개개인의 데이터 리터러시를 향상하고 동시에 분석 전담 조직과 현업부서 간의 긴밀한 협의와 협조를 끌어낼 수 있어야 한다.

4장

데이터의 본질과 힘을 이해하자

1.
데이터는 기록이자
실행의 기초다

　가트너의 애널리스트 발레리 로건Valerie Logan은 데이터 리터러시를 높이는 방법은 언어를 배우는 것과 같다고 했다. 언어를 배우려면 제일 먼저 한글이나 알파벳부터 외우고 조합해 의미와 맥락을 알아가듯이 데이터 리터러시도 핵심 개념을 이해하고 기본적인 용어를 숙지하는 것부터 시작하는 것이 좋겠다. 당연히 데이터가 무엇인지 그 개념, 본질, 속성의 이해가 먼저 필요하다. 그렇다면 '데이터는 무엇인가?'부터 짚어보자. 데이터data는 사전적으로 정의하면 재료, 자료, 기준점이라는 뜻인 데이텀datum의 복수형으로 실체와 속성을 숫자와 문자 등으로 표현한 것이다.

　데이터라는 용어는 1640년대 영어에서 처음 등장해 '향후 참조를 위해 수집된 수치적 사실'로 사용됐다고 한다. 1946년에는 '컴퓨터 작업이 수행되는 전송 및 저장 가능한 정보'라는 의미로 컴퓨팅 전문 용어로 쓰이기 시작했다. 위키피디아의 정의에 따르면 데이터는 문자, 숫자, 소리, 그림, 영상, 단어 등의 형태로 된 의미 단위를 말한다. 보통 연구나 조사 등의 바탕이 되는 재료를 말하고 아이디어나 대상 또는 조건을 나타내는 사실, 그림, 문자, 기호, 단어, 차트, 그래프를 포함한다. 정리하자면 데이터는 사물, 현상, 사건 등에 관한 사실에 대한 기록이며 결론을 도출하거나 정책 결정, 계획 수립과 실행의 기초를 형성한다.

데이터는 어떻게 구분될까? 우선 형태에 따라 정형, 비정형, 반半정형 데이터로 나눌 수 있다. 정형 데이터는 구조화된 데이터이다. 우리가 흔히 사용하고 있는 엑셀이나 CSV 파일 등 정형화된 형태를 가진 데이터를 말한다. 일반적으로 데이터베이스의 열과 행으로 표시되는 테이블 형식이며 수치만으로 의미 파악을 하기 쉬운 데이터들을 의미한다. 고객 데이터, 판매 데이터 등 주로 내부 시스템(관계형 데이터베이스)에 저장돼 수집이 쉽고 형식이 있어 처리가 쉬운 편이다.

비정형 데이터는 정형 데이터와 반대되는 데이터다. 예를 들어 자동차를 소개하는 전단을 보자. 우리는 이 전단을 눈으로 쉽게 이해하지만 컴퓨터 입장에서는 규칙이 없기 때문에 정형 데이터보다 처리가 힘든 데이터다. 이렇듯 형태가 없고 연산이 불가능한 데이터를 일컫는다. 우리가 많이 사용하는 PDF 형태의 텍스트, 동영상, 음성, 소셜 네트워크 서비스 데이터가 모두 비정형 데이터다. 즉 구조화되지 않아 값의 의미를 쉽게 파악하기 힘들어서 데이터 처리가 어렵고 별도의 비관계형 데이터베이스에 저장된다. 최근에는 스마트폰과 디지털카메라, 블랙박스, CCTV 등에서 수집되는 영상

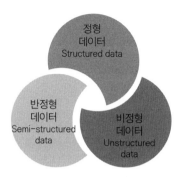

형태에 따른 데이터의 분류

데이터의 양이 비약적으로 증가하고 있다. 빅데이터의 85%가량은 비정형 데이터라고 할 정도여서 최근에는 비정형 데이터의 잠재적 가치가 점차 중요해지고 있다.

반정형 데이터는 약한 정형 데이터로 스키마나 메타데이터와 같이 형태는 있으나 연산이 불가능한 데이터를 말한다. 우리가 사용하는 웹페이지를 구성하고 있는 HTML이 대표적인 예이며 여기에 오픈 API*로 제공되는 XML이나 JSON도 포함된다.

그 외에도 데이터는 속성에 따라 덧셈, 뺄셈, 곱셈, 나눗셈 등 수학 연산을 할 수 있는 양적 데이터와 연산을 할 수 없는 질적 데이터로 구분된다. 다시 양적 데이터는 연속형 데이터와 이산형 데이터로 나눌 수 있다. 연속형 데이터는 키, 몸무게, 온도, 경제성장률과 같이 연속적인 수치로서 소수점으로 표현할 수 있다. 이산형 데이터는 자연수로 세는 것만 가능하고 소수점으로 표현할 수 없다.

---

* Application Programming Interface, 프로그램을 만드는 개발자에게 필요한 기능을 이용하도록 권한을 제공하는 것

속성에 따른 데이터 분류

양적 데이터		질적 데이터	
연속형 Continuos	키, 몸무게, 온도, 길이, 성장률	순서형 Ordinal	별점 평가(1~5), 순위, 성적 등급
이산형 Discrete	출산횟수, 불량품 수, 차량 대수, 사고 건수	명목형 Nominal	남녀, 우편번호, 혈액형, 색깔

예를 들어 오늘 영화관에서 모자를 쓴 사람의 수, 넷플릭스에서 한 달 동안 본 영화 수, 출산 횟수, 불량품 수 등은 오직 셀 수만 있고 더 이상 쪼갤 수 없다.

질적 데이터도 순서형 데이터와 명목형 데이터로 나누어진다. 순서형 데이터는 성적이나 순위 등 순서 관계를 맺는 데이터로 영화 별점 평가(1~5)나 대학교 과목 성적(A+, A, A-, B+, B…)을 들 수 있다. 명목형 데이터는 성별이나 우편번호 등 범주를 분류하지만 범주 사이에 순서가 존재하지 않는다. 강아지의 품종을 예로 들 수 있는데 몰티즈, 비숑프리제 사이에는 별도의 순서가 없다. 그렇다면 원주율(3.14159253589……)과 같은 숫자는 어디로 분류될까? 정답은 데이터가 될 수 없다. 물론 끝자리를 한정할 수 없어서이지만 인간이 수집한 객관적 사실이 아니라 태초부터 존재하는 알 수 없는 값에 해당하기 때문이라고 한다. 통상 원주율을 가지고 추론하거나 예측에 사용하지 않는다.

데이터 유형에 따라서 분석에 적용해야 하는 방법이 달라질 수 있다. 데이터 유형에 따라서 적합한 처리를 하지 않으면 잘못된 분석 결과가 나올 수 있어서 데이터 분류를 잘 기억해두어야 한다.

2.
빅데이터는 방향타이자
생명선이다

　점찍어 둔 자전거 가격이 크게 내렸다는 스마트폰 앱 알림을 확인한 후 쿠팡에서 바로 물건을 주문한다. 사실 알림 메시지는 빅데이터를 활용하여 분석 기법, 첨단 수학, 타깃 마케팅 등을 적용한 결과다. 그렇다면 요즘 대세라고 하는 빅데이터는 무엇일까? 그냥 데이터와는 무슨 차이가 있을까?

　빅데이터란 디지털 환경에서 생성되는 데이터로 우선 그 규모가 방대하고 생성 주기가 짧고 형태도 수치뿐만 아니라 문자와 영상을 포함하는 대규모 데이터를 말한다. 빅데이터 시대가 도래할 수 있었던 이유는 인터넷과 모바일 발전에 따른 소셜 네트워크 서비스의 급격한 확산, 멀티미디어 콘텐츠 증가, 사물인터넷 확산 등과 함께 클라우드 컴퓨팅 등 데이터를 트래킹하고 수집할 수 있는 환경이 구축됐기 때문이다.

　빅데이터는 양Volume, 속도Velocity, 다양성Variety 측면에서 큰 특

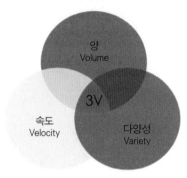

빅데이터 3V 특징

양
Volume

3V

속도
Velocity

다양성
Variety

징이 있다. 이것을 3V라고 한다. 하나씩 살펴보자.

먼저 데이터의 양Volume이다. 빅데이터의 이름 그대로 엄청난 크기의 데이터를 말한다. 최근에는 사물 인터넷의 발전까지 더해져 0이 12개 이상 달릴 정도의 엄청난 숫자인, 수십 테라바이트를 넘나드는 대용량 데이터를 다룰 수 있게 됐다. 이러한 방대한 양의 데이터를 관리하고 활용하기 위해서는 고도화된 알고리즘과 인공지능 기반 분석과 저장하고 검색할 수 있는 장치가 필요하게 됐다.

둘째는 데이터의 속도Velocity다. 처리 속도와 주기 등이 엄청나게 빨라졌으며 실시간으로 업데이트되고 스트리밍을 처리할 수 있다. 기업들은 이러한 실시간 데이터를 사용해 다양한 사업 기회를 포착하고 고객 요구에 신속하게 대응할 수 있게 됐다.

셋째는 데이터의 다양성Variety이다. 앞서 살펴보았듯이 정형 데이터뿐만 아니라 반정형 데이터, 비정형 데이터 등 그 종류가 정말 다양해졌다. 데이터 원천의 유형과 수도 어마어마하게 늘어나고 있다. 최근에는 이 3V 특징 외에도 진실성Veracity, 가치Value를 포함해 4V, 5V 특징이라 부르기도 한다.

그런데 빅데이터라고 꼭 큰 규모의 데이터를 의미하는 것이 아니다. 이제 빅데이터는 데이터뿐만 아니라 다루는 기술과 사용 인프라 등 모든 것을 포함하는 용어로 사용되고 있다. 빅데이터 시대를 불러온 데이터들은 주로 어디에서 오는 걸까? 소셜 데이터, 기계 데이터, 거래 데이터가 주를 이룬다. 소셜 데이터는 소셜 미디어 댓글, 게시물, 이미지에 의해 생성되는데 사용 추세가 빠르게 증가하고 있다. 최근에는 4G와 5G의 확대에 따라 스마트폰에서 비디오 콘텐츠를 정기적으로 시청하는 사람들이 급격하게 늘어나고 있다. 전 세계적으로 이용자 수가 2023년까지 27억 2,000만 명 수준으로 증가할 것이라고 한다.

기계 데이터는 사물인터넷 센서를 통해 장치, 차량, 장비에서 수집되고 있다. 최근에는 날씨나 교통 센서에서 보안 감시에 이르기까지 데이터를 생성하는 사물의 수가 가파르게 증가하고 있다. 시장조사업체 IDC는 2025년까지 지구상에 400억 개 이상의 사물인터넷 장치가 있게 될 것으로 추정한다. 전 세계 총 디지털 데이터의 거의 절반에 이르는 양이 생산되리라는 것이다.

거래 데이터 역시 세계에서 가장 빠르게 움직이고 성장하는 데이터 중 하나다. 특히 온라인을 통한 전자상거래나 금융 거래 데이터들이 증가를 주도하고 있다. 거래 데이터의 경우 이미지나 댓글 같은 것을 포함해 점점 반정형 데이터로 구성되고 있어 관리와 처리가 더욱 복잡해졌다.

그렇다면 실제로 얼마나 많은 양의 데이터가 생산되고 있을까?

2021년 하루 1분 동안 생성된 데이터의 양[1]

- facebook: 140만 회 스크롤
- 2,110만 건 문자 발송
- Linked in: 9,132회 연결 성사
- YouTube: 500시간 분량의 콘텐츠 업로드
- NETFLIX: 28,000명 구독자 시청
- Google play / App Store: 414,764회 앱 다운로드
- 160만 달러 온라인 소비
- 695,000개 스토리 공유 (Instagram)
- 340만 개 스냅스 생성 (Snapchat)
- 200,000명 트위팅 (Twitter)
- 6,900만 건 메시지 전송 (Facebook Messenger)
- 200만 스와이프 (tinder)
- 300만 회 이미지 조회수 (WhatsApp)
- 1억 7,960만 이메일 발송
- imgur
- 932대 스마트 오디오 장치 출하 amazon echo
- 5,000회 다운로드 / Google Home
- 200만 조회수 (twitch)
- Tik Tok

(출처: 올액세스)

음악산업 커뮤니티인 올액세스에 따르면 흥미롭게도 2021년에는 1분마다 페이스북에서 140만 개의 메시지가 읽히고(스크롤링) 유튜브에서 500시간 분량의 콘텐츠가 올라온다. 또한 인스타그램에서 69만 5,000개의 스토리가 공유되고 넷플릭스에서 2만 8,000명의 구독자가 시청하고 온라인상에서는 160만 달러가 소비된다고 한다. 이 모든 게 1분 동안 이루어진다. 50여 년 전 아폴로 11호가 이륙했을 때 전 세계에서 생성된 디지털 데이터의 양은 일반 노트북에 들어갈 수 있는 수준이었다고 한다. 하지만 IDC에 따르면

2021년에만 1바이트의 10^{21}인 제타바이트 기준으로 약 90제타바이트 정도의 데이터가 만들어질 것이라 한다. 제타바이트는 DVD에 저장할 경우 달까지 12번 왕복할 수 있을 만큼의 디스크가 쌓일 정도라고 하니 정말 상상을 초월하는 규모다.

이에 따라 기업들의 데이터 분석 방식도 과거와는 다른 양상을 보인다. 과거 데이터 분석은 조직 내부의 데이터를 중심으로 이루어졌다면 빅데이터를 활용한 분석은 웹이나 소셜 네트워크 서비스와 같은 외부 데이터까지 활용해 그 대상 데이터가 크게 확장됐다. 또한 빅데이터 시대 이전에는 일부 샘플 데이터를 활용해 전체를 추측하는, 즉 모집단을 추정하는 방법이 대부분이었다. 하지만 빅데이터에서는 현실 상황을 반영한 충분한 양의 데이터 활용이 가능해 현실과 비슷한 결론을 얻을 수 있다. 빅데이터를 제대로 활용해 전체의 정확한 파악이 가능해진 것이다. 경영 분석가인 제프리 무어Geoffrey Moore는 "만약 빅데이터 분석이 없다면 기업은 장님과 귀머거리이며 고속도로의 사슴처럼 웹에서 방황한다."라고 그 중요성을 강조했다.

요즘 기업들은 매출 분석과 함께 다양한 외부 빅데이터를 분석해 자사 상품에 대한 고객 반응을 확인하고 있다. 빅데이터를 통해 자사 사이트의 접속 로그나 고객센터의 상담과 채팅은 물론이고 모바일의 위치 정보나 소셜 네트워크 서비스 발신 등 다양하고 상세한 데이터까지 수집할 수 있게 된 덕분이다. 이를 활용해 개별 고객에 대해 더 정밀한 개인화 서비스가 가능해졌다. 특히 데이터가 다양화된 덕분에 정형 데이터 외에도 날로 증가하고 있는 사진,

동영상, 텍스트 등의 비정형 데이터도 적극적으로 활용하고 있다. 최근 주목받는 인공지능 기술도 빅데이터의 도움 없이는 효율적으로 작동하기 어렵다. 글로벌 시장조사업체 포레스터 리서치의 애널리스트 브랜든 퍼셀Brandon Purcell은 "데이터는 인공지능의 생명선이다."라고 했다. 인공지능 시스템은 기능을 수행하기 위해 데이터로부터 학습해야 하기 때문이다.

3.
데이터 분석은 지혜로
이어져야 한다

　데이터가 많으면 쓸모가 있을까? 사실 전혀 쓸모가 없다. 그렇다면 수치, 텍스트, 영상, 이미지 등과 같은 다양한 종류의 데이터들은 어떻게 의미를 갖게 되는 걸까? 우리가 잘 알고 있는 DIKW 피라미드를 가지고 설명해보겠다.

　데이터는 수치 등 가공 전의 순수한 상태의 원시 데이터들을 말하고 정보는 유의미하게 가공된 2차 데이터를 말한다. 데이터 자체는 그저 사실을 나타내는 수치일 뿐이므로 데이터 처리 과정을 통해 정제된 정보를 만들어야 제대로 활용할 수 있다. 정보라는 것은 그 정보 사용자의 의사결정에 도움이 될 만한 잘 정제된 데이터들이라고 할 수 있다. 나아가 지식은 정보 간의 관계를 통해 얻은 가치 있는 정보이고 지혜는 지식을 활용하는 창의적 아이디어다. 간단한 사례를 들어보자. 여기 150/110이라는 숫자가 있다고 하자. 이것으로는 우리가 무엇을 의미하는지 아무것도 알 수 없다.

DIKW 피라미드[2]

지혜
Wisdom

지식
Knowledge

정보
Infomation

데이터
Data

그냥 데이터에 불과하다. 그러나 여기에 혈압이라는 의미가 들어가면 최고 혈압 150/최저 혈압 110이라는 정보를 얻게 된다. 그런데 우리가 얻은 경험을 기반으로 정보를 조합해보면 '이 정도의 수치면 혈압이 꽤 높다. 즉 고혈압이다.'라는 것을 파악할 수 있다. 데이터가 지식이 된 것이다. '그럼 어떡해야 할까?'라는 방향성을 넣으면 '앞으로 식단 조절과 운동을 해서 혈압을 관리해야겠다.'라는 지혜의 단계로 넘어가게 된다. 150/110이라는 간단한 데이터에서 출발해 마지막에는 '식단 조절과 운동으로 혈압을 관리해야겠다.'라는 지혜의 단계까지 발전한 것이다.[3]

또 다른 예를 보자. 강수량은 어떤 곳에 일정 기간 내린 비의 총량으로 강수 관측소에서 측정된 개별적인 값일 뿐이다. 자체로는 의미가 없는 데이터다. 그런데 이 데이터에 전국 시도별, 최근 5년간, 최대 강우량 등의 규칙을 부여하면 전국 시도별 연간 최대 강수량이라는 정보가 도출된다. 이 정보들에 시도별 지형 조건, 배수 시설, 재해관리 인력 등의 다양한 정보를 연결하면 시도별 홍수 예방 대책이라는 지식이 만들어진다. 나아가 각 시도 주민들이 그동안 홍수가 발생했을 때의 지식과 경험, 그리고 다른 정보와 지식을 활용해 저마다 고유의 홍수 예방 노하우를 터득하고 실행하는 것이 바로 지혜다.

이러한 사례는 기업 현장에서도 찾아볼 수 있다. 예를 들면 마케팅 부서에서 올해 새로 만든 운동화를 온라인으로 판매한 다음 데이터 분석을 한다고 생각해보자. 여기서 데이터는 앱을 통해 얻은 구매자 수, 성별, 연령별, 접속 시간대 등 각각의 데이터를 말한다. 정보는 이 데이터를 사용해 통계에 적용하고 분석해 나온 결과다. 가령 주별 데이터를 분석해 이번 주 구매자 수는 2만 명, 지난주에는 4만 명, 이번 달 평균 주별 구매자 수는 3만 명이라는 사실을 파악하게 된다. 이것이 정보에 해당된다.

지식은 이번 주 구매자 수와 지난주 구매자 수가 왜 어떻게 차이가 나는지 분석한 것이다. 확인해보니 지난주에는 자사 앱에 접속할 때 스타벅스 상품권을 제공하는 이벤트를 해 구매가 많이 늘었고 이번 주에는 학생들의 방학이 시작돼 구매가 많이 떨어졌다는 사실을 알 수 있었다. 이런 내용을 활용해 다음 달에는 주 타깃인 MZ세대를 대상으로 이벤트를 더욱 늘린다면 바로 지식이라고 볼 수 있다. 지혜는 몇 년간의 접속자와 구매자 데이터를 분석하고 패턴을 도출해서 신상품의 출시와 방학 시기 등의 사용자 변화를 파악하는 것이다. 이러한 지식을 통해 신상품 출시 시기와 프로모션이 구매자 수에 큰 영향을 끼친다는 사실을 도출하고 새로운 마케팅 대책을 수립하거나 타 분야와 제휴해 새로운 판매 전략을 만들어내기도 한다.

이렇듯 데이터는 지나간 것들을 설명하고 일어난 것들을 정리 정돈하고 발생할 것을 예측하는 중요한 역할을 하고 있다. 우리가 일상생활이나 조직에서 데이터를 분석해 활용하려는 것은 데이터를 기반으로 정보를 얻고 분석, 가공, 활용해 지식이나 지혜를 얻어 문제를 해결할 뿐더러 미래를 예측하고자 하는 것이다.

요즘 데이터를 보는 시각을 기르라는 얘기를 많이 듣는다. 이쯤 되면 많은 분이 데이터는 아무 의미도 없는 수치나 문자 등을 말하는데 무슨 보는 눈을 기르라는 얘기인가 하고 의아해할 듯하다. 최근 우리가 데이터나 정보를 구분 없이 쓰는 경향이 있어서 '아! 여기서 얘기하는 데이터는 가공 전의 순수한 데이터라기보다는 정보를 담은 데이터를 의미하는구나.'라고 생각하면 좋을 것 같다.

데이터가 어떻게 의미를 지니는지에 대해 살펴보았는데 여기서 두 가지 힌트를 얻을 수 있다. 첫째, 데이터(정보)는 사용하는 상황이나 사람에 따라서 가치와 의미가 달라지므로 어떤 맥락에서 데이터가 사용됐는지를 이해하는 것이 필요하다. 데이터는 그 자체로는 별로 의미가 없다. 하지만 어떤 상황에서 어떤 이유로 사용되느냐에 따라 그 정보성의 가치는 천차만별이 된다. 이게 바로 데이터의 본질이다. 둘째, 데이터(정보)를 많이 가지고 있다고 지식과 지혜가 쌓이지는 않는다. 지혜를 쌓기 위해서는 적정한 정보를 보고 이러한 정보가 발생하는 근본적 이유를 생각해 미래를 추론하

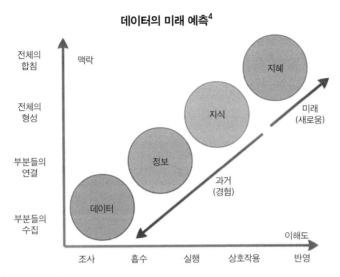

데이터의 미래 예측[4]

(출처: Serendipity)

는 연습을 하는 것이 중요하다. 결론적으로는 올바른 데이터 분석은 데이터나 정보의 단순한 해석이 아니라 부분을 모으고 연결하고 전체를 구성해 미래에 어떻게 하면 좋을지에 대한 방향성을 찾을 수 있는 지혜의 단계로 발전해야 한다. 우리가 똑같은 데이터를 가지고 있더라도 거기서 정보를 어떻게 연결하느냐, 거기에 활용하는 지식이 무엇이냐에 따라서 얻어낼 수 있는 지혜는 다 달라진다. 그리고 그 지혜를 잘 만들어내는 사람이 진정으로 데이터 리터러시가 높은 사람이라 할 수 있겠다.

4.
데이터는 어디에서 어떻게
활용되는가

　인류가 데이터를 사용하기 시작한 것은 기원전 1만 9000년경으로 거슬러 올라간다.[5] 구석기 시대 조상들은 간단한 계산을 수행하기 위해 뼈에 일련의 눈금을 새겨서 사용했다. 기원전 3100년경에는 바빌로니아의 숫자가 탄생했고 기원전 3000년경에는 이집트 숫자가 만들어졌다. 1640년 런던에서는 사망 정보를 수집하고 분석해 사망자 수, 연령대별 사망률, 사망 원인과 같은 통계를 기록했다. 1880년에는 데이터를 작성하고 처리하는 데 펀치카드를 사용하기 시작했고 10년 후에는 미국 인구조사를 완료했다고 한다.

　데이터는 디지털 신호인 0과 1로 분류돼 저장과 처리를 할 수 있는 디지털 환경이 갖춰지면서 본격적으로 활용되기 시작했다. 1920년에는 자기테이프를 개발해 데이터를 저장했고 1960년대에는 관계형 데이터베이스를 활용한 모델 작업이 시작됐다. 1990년에는 쉽게 정보를 공유하고 리소스를 연결할 수 있도록 월드와이드

웹www이 발표돼 인터넷 발전의 기반이 만들어지고 1998년에 구글 서비스가 시작되면서 컴퓨터나 모바일 장치를 통해 데이터를 훨씬 더 광범위하게 사용할 수 있게 됐다. 지금은 데이터 과학, IT 기술, 인공지능의 혁신과 더불어 정보를 만들어내고 전파하는 새로운 방법이 속속 등장하고 있다.

기업들은 어떠한가? 기업들은 1980년대부터 고객 데이터를 획득해 일대일 방식으로 제품을 판매하는 다이렉트 마케팅의 형태인 데이터베이스 마케팅을 통해 데이터를 본격적으로 활용했다. 최근 데이터베이스는 더 정교하고 세분화한 빅데이터 마케팅으로 발전하고 있다. 빅데이터 마케팅은 기존의 데이터 기반 마케팅보다 고객 정보가 다양해 타깃이 더 명확하기 때문에 추천 마케팅 또는 타깃 마케팅이라고도 불린다. 그렇다면 실제 비즈니스에서 데이터는 어떻게 활용되고 있을까?[6]

첫째, 신속한 의사결정에 활용되고 있다. 과거에는 직관이나 경험 등 개인적 주관에 의존했기 때문에 어떤 결정이 적절한지 검증하기 어려웠고 다른 사람들에게 설명하고 인식을 공유하는 데 많은 시간이 걸렸다. 하지만 변화무쌍한 비즈니스 환경에서 신속한 의사결정이 매우 중요해졌다. 데이터를 활용하면 증거에 기반해 의사결정을 내릴 수 있고 더 쉽게 인식을 공유할 수 있어 속도가 빨라진다. 또한 이후에 결과도 쉽게 확인할 수 있다.

둘째, 맞춤화된 상품과 서비스를 제안할 수 있다. 아마존은 고도화된 알고리즘을 기반으로 고객의 거래 내역과 소셜 미디어 포스트 등을 분석한다. 예측 분석과 머신러닝으로 소비자의 개별 성향과 스타일을 파악하고 유행을 예측해 각 개인에게 맞춤화된 상품과 서비스를 제안한다. 이렇듯 기업들은 고객 감정, 반응, 관찰 데이터를 수집하고 분석해 고객을 더 많이 이해하고 통찰력을 높여 고객경험을 획기적으로 개선하고 상품과 서비스를 개인화할 수 있다.

셋째, 데이터는 현재 상황을 이해하고 미래를 예측하는 데 활용된다. 데이터를 활용하면 기업의 비즈니스 동향을 빠르게 파악하고 데이터를 기반으로 미래를 예측해 시나리오를 그릴 수 있다. 예를 들어 점포별, 상품별, 판매직원별 판매 동향 데이터를 실시간으로 시각화해 모니터에 띄운다면 현재 이슈가 무엇인지 파악하기가 더 쉬울 것이다. 또한 이러한 데이터들이 다른 유용한 데이터들과 연계된다면 미래를 더욱 정확하게 예측할 수 있다.

넷째, 새로운 사업 기회 발굴에 사용된다. 데이터 활용을 촉진하는 과정에서 그 자체로 무의미하게 보였던 데이터는 다양한 다른 데이터와 결합해 전에는 눈에 띄지 않았던 새로운 제품과 서비스에 대한 아이디어로 이어질 수 있다. 최근에는 고객 리뷰나 문화 트렌드와 같은 비정형 데이터를 분석해 신속하게 제품과 서비스를 개발할 기회가 많아졌다. 실제로 데이터를 활용해 새로운 제품과 서비스가 많이 탄생하고 있으며 새로운 비즈니스 기회는 회사의 매출 증가로 이어진다. 결국 데이터에서 얻은 통찰력은 기업이 비용을 절감하고 고객경험을 개선하고 더 나은 제품을 만들고 비즈니스 운영을 혁신하는 데 크게 도움을 준다.

이러한 데이터들은 실제 산업에서 다양하게 활용되고 있다. 우선 금융 산업은 다른 산업과 달리 신속하고 정확하고 방대한 거래 데이터들을 가지고 있다. 이러한 데이터를 고객 데이터와 결합하고 피드백을 분석해 고객만족도와 고객경험을 개선하는 데 필요한 귀중한 통찰력을 얻는다. 소셜 미디어와 위치 추적 서비스 등으로부터 생성된 빅데이터를 활용해 타깃 고객층의 성향에 맞는 프로모션이나 서비스를 제공하기도 하고 신규 상품 개발이나 적절한 가격을 책정하는 데 활용한다. 또한 대출과 카드 발급 등과 관련해 새로운 신용평가 모델 개발을 하고 보험 사기나 신용카드 도용 등 금융과 관련된 각종 부정행위를 탐지하는 데도 활용하고 있다.

의료 산업은 전자의무기록, 검사 데이터, 청구 데이터, 영상 데이터, 연구 데이터 등 방대한 의료 데이터를 다루고 있다. 방대한 양의 의료 데이터에서 동일 증상을 가진 환자들의 데이터를 수집하고 분석해 질병을 식별하고 진행 상황을 판단하는 등 예방의학과 질병의 조기 발견에 사용한다. 또한 신약 개발에 데이터를 활용함으로써 수많은 개발 과정이 수반되는 프로세스를 간소화하고 비용과 시간을 줄이고 있다.

제조업에서는 사물인터넷에서 축적된 데이터를 기반으로 공장 내 여러 생산 설비의 가동 상태를 중앙 집중화하고 시각화해 상태를 한눈에 파악할 수 있다. 그럼으로써 관리 효율성과 생산성을 향상한다. 또한 불량 발생 빈도에 대한 데이터를 분석하고 문제 발생을 예측할 때도 사용된다. 이렇듯 디지털화의 진전으로 비즈니스 세계에서는 엄청난 양의 데이터가 생성되고 있다. 이미 많은 기업이 비즈니스 목적으로 데이터를 전략적으로 활용하고 있다.

기업 이외에도 정부나 정보기관에서는 엄청난 양의 데이터를 살샅이 모아 테러리스트를 색출할 수 있는 단서를 찾아내기도 하며 과학자들은 기후 변화, 지진, 전염병 유행 등을 예측하기 위해 데이터를 사용하고 있다. 데이터는 기업, 공공, 우리 일상 곳곳에서 점점 더 중요한 역할을 하고 있다.

데이터는 실제 업무에서도 광범위하게 사용되고 있다. 우선 마케팅 부서는 고객 데이터, 설문조사 데이터, 광고 데이터 등을 주로 활용한다. 전자상거래 열람 이력, 행동 로그 등의 고객 데이터를 수집하고 고객의 선호도를 분석해 니즈에 맞는 추천과 광고 노출에 활용할 수 있다. 이러한 추천과 광고 노출은 고객의 구매 욕구를 자극함으로써 매출 증대로 이어진다. 영업 부서는 고객 데이터, 판매 데이터, 협상 데이터 등을 활용한다. 고객 데이터를 성별, 연령, 주소 등으로 분류하고 구매 성향을 분석해 신규 고객 확보에 활용할 수 있다. 성공한 협상 데이터의 공유를 통해 회사의 전반적 영업 역량 향상에 도움을 줄 수도 있다. 제조 부서에서는 제품 데이터를 주로 사용한다. 자동차 회사의 경우 배터리에 탑재된 센서 데이터를 활용해 사용 조건과 주행 환경에 따른 성능 변화를 지속적으로 모니터링해 문제를 해결할 수 있다. 그 외에도 데이터를 활용해 공정에서 발생할 수 있는 문제들을 쉽게 예측하고 품질을 향상할 수 있다.

여러분도 각자 일하고 있는 부서에서 어떤 데이터가 만들어지고 있고 어떤 데이터를 연결해 어떻게 활용할 수 있을지 한 번쯤 생각해 보길 바란다.

2부

|

조직의 데이터 활용
역량을 올려라

5장

데이터 중심으로 경영을 바꿔라

1.
데이터 자산화와 민주주의가
먼저다

    디지털 시대에는 물질적 자산보다 비물질적 자산이 더 주목받고 있다. 데이터, 정보, 지식 등이 중요한 자산으로 인식되고 있다. 특히 데이터는 사용할수록 가치가 증가하고 무제한 복제가 가능하다. 그동안 데이터 관리는 기업에서 비용으로 취급됐지만 이제는 유용한 자산으로 취급하면서 부가가치를 창출하려는 기업 간에 무한 경쟁이 벌어지고 있다. 하지만 데이터는 모아놓는다고 스스로 가치를 발휘하지는 않는다. 데이터 자산화를 이루기 위해서는 데이터 활용이 확대될 수 있도록 조직적인 노력이 있어야 한다.

    데이터는 생성될 때 대부분 어떻게 활용될지 알 수 없어서 각양각색의 방법과 형태로 만들어진다. 데이터 활용이 원활하게 되려면 수집 이전부터 체계적인 관리 프로세스가 필요하다. 필요한 정보나 형태를 사전에 정의해 이에 맞춰 생성되고 수집되도록 준비해야 한다. 또한 데이터 수집 후에도 품질을 점검해 활용 가능 여부를 판별할 뿐만 아니라 품질 저하 원인을 찾아 지속적으로 개선해야 한다.

그렇다면 데이터 자산화는 어느 수준이어야 할까? 데이터 자산화는 현장과 접목돼 별도의 작업이나 요청 없이도 실시간으로 데이터를 활용할 수 있는 상태가 아닐까 싶다. 데이터 자산화를 이룬 조직 체계는 현장의 변화를 데이터를 통해 실시간으로 파악하고 데이터 분석을 통해 의사결정과 대책을 신속하게 진행하는 수준일 것이다. 다시 말해 데이터가 보조적인 기능을 수행하던 과거 방식에서 벗어나 데이터를 중심에 놓고 조직, 인력, 프로세스 등이 최적화돼야 한다. 아울러 조직 내에서 데이터를 생산하고 평가하는 방법에 대해서도 구체적인 실행 방안이 마련돼야 하고 전체 조직을 아우를 수 있는 데이터 중심의 문화가 필요하다. 예를 들어 카드 결제 시 즉시 해당 고객의 추가 구매 가능성을 예측해 주변의 할인 쿠폰을 보내려면 현장과 접목돼 데이터를 활용할 수 있는 환경이 효과적으로 구축돼 있어야 한다.

에어비앤비는 호텔이나 부동산을 관리하지 않고도 공유 숙박 사업에 성공했다. 우버는 빈 차를 근처에 이동 수단을 필요로 하는 고객과 연결해 막대한 수익을 창출했다. 아마존은 신뢰할 수 있는 리뷰와 고객 피드백으로 마케팅과 타깃팅 기능을 향상했다. 농업 기업 존 디어는 작물 수확량과 위험에 대한 맞춤형 추정치를 제공해 사업 성공에 박차를 가했다. GE는 경비 절감을 통해 운영 효율성을 개선했다. 자동차 기술회사인 밴티지파워Vantage Power는 장비 유지 보수에 예측 시스템을 구축해 운전 자본을 최적화했다. 이렇듯 오늘날의 기존 시장 리더이든 업계 파괴자이든 유망한 신생 기업이든 데이터를 자산화하고 효과적인 데이터 사용을 통해 긍정적인 재무 결과를 끌어내고 있다.

이렇듯 데이터는 자산으로 가치를 창출하고 있다. 그렇다면 어떻게 개인이나 기업이 가진 데이터의 자산 가치를 창출할 수 있을까? 데이터가 있다고 해서 곧바로 가치가 되는 것은 아니다. 데이터 민주주의가 이뤄질 때 자산의 가치를 획득할 수 있다.

데이터 자산화를 위해서는 데이터 민주주의가 반드시 필요하다. 데이터 민주주의는 종전의 데이터 민주화에서 한 발 더 진화한 개념이다. 데이터 민주화는 접근과 활용이 전문가들에게만 집중돼 있던 데이터 독점에서 벗어나 누구나 접근이 가능한 상태를 말한다. 데이터 민주주의는 이보다 더 나아간다. 데이터를 자유자재로 활용할 수 있을 뿐만 아니라 생산이나 유통에도 누구나 적극적으로 참여할 수 있는 상태를 말한다. 어디서나 누구든 데이터의 생성, 유통, 활용의 주체가 될 수 있을 때 데이터 민주주의가 완성됐다고 말할 수 있다.

최근 '시민 데이터 과학자'라는 단어를 많이 듣는데 데이터 민주주의와도 맥이 닿아 있다. 데이터 과학자는 데이터 소스를 열고 개선하고 나아가 비즈니스로 바꾼다. 그러나 기업에서 조건을 갖춘 데이터 과학자를 찾기는 쉽지 않은 일이다. 가트너는 2030년까지 데이터 과학자 업무의 40%가 자동화될 것으로 예상한다. 그만큼 데이터 과학자 업무가 쉬워지고 관련 업무의 숙련도도 낮아질 것으로 보인다. 기업은 이러한 기술의 발전으로 구하기 어려운 데이터 전문 과학자를 다수의 일반 직원들로 대체할 기회를 맞이하게 됐다. 기업은 이런 자동화 기술을 더 많은 직원이 사용할 수 있도록 함으로써, 즉 '시민 데이터 과학자'를 육성함으로써 데이터 과학자의 구인난을 해결할 수 있다. 시민이라는 용어는 데이터 과학자와 달리 고도로 전문화된 훈련을 받지 않은 사람들을 의미한다. '시민 데이터 과학자'는 회사의 데이터를 모두가 이해할 수 있는 언어로 변환함으로써 활용도를 높이고 고객과 현장에 적용해 성과를 만들어낸다.

디지털 플랫폼 전문가인 아르핏 초우두리Arpit Choudhury는 데이터 민주화는 "기술 노하우와 관계없이 조직의 모든 사람이 편안하게 데이터로 작업하고 데이터에 대해 자신감을 느끼고 결과적으로 데이터 정보에 입각한 의사결정을 내리고 고객경험을 구축할 수 있도록 하는 지속적인 프로세스다."라고 설명한다. 그는 이제 조직의 지원 방식도 바뀌어야 한다고 주장한다. 조직은 모든 구성원이 편안하게 데이터 관련 질문을 할 수 있도록 지원하고 데이터 작업을 할 수 있도록 올바른 도구를 제공하고 조직 전체의 문화적 변화를 추진해야 한다고 강조한다.

데이터 자산화는 데이터 활용을 통해 이루어지는 것이므로 많은 사람이 데이터를 생성하고 유통하고 활용하는데 특히 현장에서 자연스럽게 데이터를 접목할 수 있어야 한다. 결국 데이터 민주주의가 실현돼야 데이터 자산화도 완성될 수 있으며 데이터 리터러시 수준이 높은 조직으로 발전할 수 있다.

2.
데이터 거버넌스를 구축하라

'우리 회사의 사업에서 데이터란 무엇인가?' '데이터는 어디에 있는가?' '사용 데이터는 얼마나 정확해야 하는가?' '누가 어떻게 사용할 수 있는가?'

조직에서 데이터를 다룰 때 맞닥뜨리게 되는 핵심 질문이다. 이렇듯 데이터 거버넌스는 조직 내에서 데이터 수집과 사용하는 방법 등을 정의하고 이러한 핵심 질문에 답한다. 맥킨지의 조사를 보면 '품질이 낮은 데이터의 영향으로 직원들은 전체 업무 시간 중 30%를 무가치한 업무에 사용한다.'라고 한다. 이와 같이 데이터 거버넌스가 없다면 데이터의 신뢰성이 없어지고 효과도 떨어져 조직에 심각한 영향을 끼치게 된다. 또한 데이터를 쉽게 찾을 수도 없게 돼 직원들의 일상적인 업무에도 영향을 끼친다. 이토록 중요한 데이터 거버넌스에 대해 알아보자. 원래 영어 거버넌스Gover-nance는 통치 혹은 관리라는 뜻이다. 데이터 거버넌스는 '기업에서 사용하는 데이터의 가용성, 유용성, 통합성, 보안성을 관리하기 위한 정책과 프로세스'를 말한다. 아직 정의가 명확하게 정리된 것은 아니지만 데이터 거버넌스는 '데이터의 가치를 보전하고 활용하기 위한 목적으로 수행하는 전사 차원의 경영 체계'라고 할 수 있다. 특히 그중에서 데이터 품질, 관리 규정, 프라이버시, 보안성 준수가 강조된다.

데이터 거버넌스와 관련해 가트너에서 제시한 정보 거버넌스를 한번 살펴보자. 가트너는 정보 거버넌스를 '정보의 가치 평가, 생성, 저장, 사용, 보관, 삭제 과정에서 그 행위를 보장하기 위한 의사 결정 권한과 최종 책임 한계를 설명한다. 여기에는 조직이 목표를 달성할 수 있도록 정보를 효과적이고 효율적으로 사용하도록 보장하는 프로세스, 역할과 정책, 표준과 지표가 포함된다.'라고 정의했다.[1] 데이터 거버넌스도 이와 비슷하다. 구글의 데이터 거버넌스 정책을 보면 데이터 거버넌스를 '데이터의 보안과 개인정보 보호, 가용성, 사용성, 정확성을 보장하기 위해 수행하는 모든 작업이다.'라고 정의하고 '여기에는 따라야 하는 프로세스, 취해야 하는 조치, 데이터를 지원하는 기술이 포함된다.'라고 좀 더 구체적으로 덧붙이고 있다.

데이터 거버넌스는 데이터 수집, 저장, 관리, 폐기 등에 적용되는 내부 표준을 설정하는 것부터 시작된다. 이러한 표준을 통해 누가 어떤 종류의 데이터에 접근할 수 있고 어떤 종류의 데이터가 거버넌스 대상인지 등을 통제한다. 아울러 데이터 거버넌스는 각종 법규 및 제도 등 외부 표준 준수도 포함한다.

그런데 요즘 데이터 거버넌스가 왜 그렇게 중요한 걸까? 2018년 즈음을 전후로 빅데이터 시대와 데이터 경제 시대가 열렸다. 디지털 경제 이전에는 내부 거래로 확정된 경우에만 데이터를 수집했다. 지금은 모바일 또는 인터넷을 통한 외부 데이터는 물론이고 사물인터넷, 챗봇, 음성봇을 활용한 고객 접점에서 발생하는 모든 데이터로 그 범위가 확대되고 있다. 이렇듯 조직에서는 데이터가 폭발적으로 증가하고 있다. 하지만 많은 사람이 활용할 수 있는 데이터는 별로 없거나 데이터를 탐색하고 정제하고 가공하는 데 너무 많은 시간과 노력이 든다는 불만들이 터져 나온다. 데이터 기반 솔루션을 제공하는 업체 히타치 반타라가 기업들을 대상으로 한 조사를 보면 모바일 데이터의 경우 기업들이 데이터로 축적하는 규모는 37% 미만인 것으로 알려졌다. 또한 축적된 데이터도 75%는 사용되고 있지 않으며 분류라도 하는 데이터는 15% 미만이었다. 최고데이터책임자를 도입한 기업이 10% 미만으로 조사됐다.

이러한 현상은 많은 원인이 있겠지만 조직 내부에서 데이터 사일로Silo가 많이 존재하는 것이 중요한 원인이기도 하다. 데이터 사일로는 각각의 조직 또는 목적별로 데이터가 불일치해 전사 관점의 의사결정을 방해하고 비효율성이 증가하는 현상을 말한다. 이렇게 이질적인 정보와 시스템으로 작업하는 사일로를 제거하는 것이 데이터 거버넌스의 중요한 목표다. 특정 조직이나 사용자만 이해할 수 있는 데이터는 전사 차원에서 보면 가치가 없기 때문이다. 아마존도 데이터가 사업 부문이나 개별 부서별로 활용되는 데이터 사일로 때문에 데이터를 전사적 차원에서 유기적으로 이해하기가 매우 어려웠다고 한다. 아마존은 이를 해소하기 위해 2019년부터 '데이터 레이크Data Lake'를 활용했다.[2] 데이터 레이크는 기업에서 수집한 정형, 비정형, 반정형 데이터를 원시 데이터로 저장하는 단일 데이터 저장소다.

아마존은 부서별로 흩어진 데이터를 한 장소에 모으면서 데이터 종류와 관계없이 모두 끌어올 수 있었고 접근하기도 쉬워졌다. 또한 다양하고 방대한 데이터를 활용해 머신러닝도 더욱 발전하게 됐으며 데이터세트를 결합해 더 정확한 모델을 쉽게 학습할 수 있었다. 우리나라 대기업들도 데이터 레이크를 구축해 데이터 분석 역량을 높이고 있다. 최근에는 새로운 기술도 확산되고 있다. 각각 다른 데이터들을 하나의 플랫폼에 통합해 관리를 단순화한 '데이터 패브릭Data Fabric'은 직물처럼 교차로 엮인 연결망의 특성 때문에 패브릭이라는 이름이 붙었다. '데이터 레이크 하우스Data Lake-house'는 창고에 물건을 쌓듯 데이터를 모으는 데이터 웨어하우스 Data Warehouse와 종류를 가리지 않고 원시 데이터를 그대로 모아두는 데이터 레이크의 장점을 결합한 기술이다. 이러한 데이터 거버넌스의 목표는 주로 7가지를 들 수 있다.

1. 고객에게 데이터를 안전하게 처리한다는 신뢰를 얻는다.
2. 데이터 이해와 신뢰를 높여서 데이터 활용을 확산한다.
3. 데이터 콘텍스트(정보 환경)를 공유해서 오용을 방지한다.
4. 데이터 관리 기준 정립과 프로세스를 만들어 비용을 줄인다.

5. 데이터 자산의 훼손과 유출 등을 방지해 안전하게 보관
   한다.
6. 활용할 수 있는 외부 데이터를 확보하고 융합한다.
7. 데이터 규제를 준수해 컴플라이언스 위기에 대처한다.

특히 기업은 개인 데이터를 안전하게 보관하는 것뿐만 아니라 마이데이터 시대의 컴플라이언스, 즉 개인 데이터 사용 동의, 데이터 전송 요청, 데이터 삭제와 프로파일링 중지 등의 규제도 잘 준수해야 한다. 이외에도 규제들 대부분은 데이터 관리와 관련성이 크다. 데이터 컴플라이언스를 적절하게 대응하지 못하면 규제를 지킬 수 없게 돼 기업에 커다란 손실을 초래하게 된다. 결국 데이터 거버넌스를 통해 데이터를 더 신속하게 찾고 이해하고 분석할 수 있고 일관된 규정 준수로 위험을 줄일 수 있다. 또한 데이터 관리를 개선해 중복 작업을 최소화하고 운영 효율성을 높이며 조직 전체의 시스템과 정책을 표준화해 데이터의 품질이 향상된다. 정리하자면 데이터 거버넌스는 궁극적으로 데이터 품질, 관리 규정, 프라이버시, 보안성 준수 등으로 조직의 올바른 의사결정을 이끌어 기업의 경쟁력을 높이는 것이라고 할 수 있다.

조직에서 성공적인 데이터 거버넌스 체계를 구축하기 위한 실행 방법은 다음과 같다.[3] 첫째, 직원들의 데이터 사용성을 높여야 한다. 그러기 위해서는 직원들이 데이터가 무슨 의미가 있는지, 어떻게 수집하는지, 어떻게 사용하는지를 이해해야 한다. 또한 데이터는 정해진 위치에 저장돼야 하고 간단하고 논리적인 방식으로 정

돈돼야 한다.

둘째, 메타데이터를 문서화해 관리해야 한다. 메타데이터는 회사에서 수집한 각각의 데이터세트가 가진 목적이 무엇인지, 조직의 목표와 연관성이 무엇인지 등을 설명하는 정보다. 이러한 메타데이터를 관리해 데이터를 더 쉽게 찾아 사용할 수 있도록 하고 현업과 IT 팀에 필요한 중요한 데이터 콘텍스트를 제공해야 한다. 우버의 사례를 보자. 수년 전 우버의 데이터 과학자들은 관련 데이터를 찾는 데 1주일에 평균 3시간 정도를 사용하고 있었다고 한다. 적은 시간이라고 판단할 수도 있으나 우버는 달랐다. 우버는 데이터북이라는 일종의 데이터 카탈로그를 만들어서 찾는 시간을 줄일 수 있었다.

셋째, 데이터 품질을 유지해야 한다. 데이터 품질을 유지하지 못하면 직원들이 잘못된 정보를 사용해 막대한 피해를 초래하게 된다. 오류 데이터, 오래된 데이터 정비 등 데이터 정확도를 지속적으로 점검해야 한다.

넷째, 데이터 보안을 철저히 해야 한다. 데이터의 대부분을 직원들이 쉽게 접근할 수 있도록 만들어야 한다. 하지만 인사나 재무 등 특정 정보는 데이터 접근 권한을 제한하고 데이터를 안전하게 보호해야 한다.

다섯째, 데이터를 보호하고 연결한다. 데이터 수집, 저장, 관리, 폐기 등에 적용되는 내부 표준을 수립하고 조직 내 다른 부문의 데이터들을 통합함으로써 통찰의 요소를 찾아주고 시너지를 올려야 한다.

여섯째, 내부 통제 구조를 잘 갖춰야 한다. 데이터 거버넌스 정책, 절차, 표준, 평가 방법 등을 규정하고 그 규정 내용을 각 부서에서 부서 특성에 맞게 구체적으로 적용할 수 있도록 내부 통제가 마련되고 잘 작동돼야 한다. 또한 데이터 접근과 저장이 가능한 사람과 그에 대한 권한과 목적이 명확히 정의돼 있어야 한다. 마지막으로 모든 임직원이 '데이터와 나는 상관없어.'라고 느끼지 않도록 교육하고 데이터 관리가 모두의 몫이라는 걸 인지시키는 것이 중요하다.

3.
데이터 리더십을 발휘하라

　데이터 분석의 최고 권위자인 토머스 대븐포트Thomas Davenport 교수는 기업의 디지털화의 성공 요인으로 '델타+조직문화' 모델을 제시했다. 델타DELTA는 접근 가능한 고품질의 데이터Data, 분석에 대한 전사적Enterprise 관점, 분석 지향적 리더십Leadership, 분석을 적용할 전략적 타깃Target, 전문 분석가들Analysts의 첫 글자를 딴 것이다. 이것을 데이터 리터러시에 대입해 조직에서 데이터 리터러시의 성공을 결정짓는 가장 중요한 요소를 꼽으라면 분석 지향적 리더십과 조직문화라고 할 수 있겠다.

　데이터 리더십에 대해서 알아보자. 조직에서 데이터가 엔진이라고 한다면 데이터 리더십은 엔진을 움직이게 하는 기름이다. 특히 최근과 같은 어려운 경영 환경에서는 조직 전체의 데이터 리터러시를 높여 민첩성을 높이는 것이 경쟁력이다. 최고경영자를 비롯한 임원, 중간관리자, 데이터 리더가 각자에게 맞는 리더십으로 무장해 조직의 변화를 선도해야 한다. 그렇다면 조직에서 계층별로 어떠한 데이터 리더십이 필요할까?

우선 최고경영자는 조직 전체에 데이터 리터러시에 대한 결단을 먼저 보여주어야 한다. 과거의 경험이나 감이 아니라 데이터, 즉 사실에 근거해 의사결정을 할 수 있도록 경영자 자신부터 근본적인 변화가 필요하다. 경영자는 조직 전체에 데이터를 요구할 수 있어야 한다. 그리고 데이터에 대한 비판적 사고를 개발하기 위해 데이터가 의사결정을 어떻게 뒷받침했는지 자꾸 물어야 한다. 이를 통해 조직은 민주적 절차의 가능성이 생기고 신속하고 더 나은 의사결정을 내리게 된다.

다음으로 데이터 관련 전담조직을 구축하고 조직 전체에 적절한 권한을 부여해야 한다. 기업 비즈니스와 데이터를 잘 이해하고 적절하게 분석해 기능별로 실시간 의사결정을 할 수 있도록 최고데이터책임자를 두거나 데이터 거버넌스와 정책을 총괄하는 데이터 전담조직을 도입할 필요가 있다. 아울러 중간관리자나 사내 데이터 리더들이 스마트하게 일할 수 있도록 권한을 부여하고 신속하게 지원해야 한다. 또한 협업 기회를 자주 만들어야 한다. 기술부서와 현업부서 간에 데이터 협업을 장려하고 모범 사례를 공유하도록 커뮤니티도 활성화해야 한다. 마지막으로 최고경영자는 조직, 전문인력, IT와 인사평가시스템 등 인프라를 갖추기 위해 지속적으로 투자하면서 데이터 리터러시 기업 문화를 조성해야 한다.

다음 계층으로 관리자의 리더십이 중요하다. 관리자는 현업에서 데이터 리터러시를 향상하는 데 중추적인 역할을 맡는다. 우선 현장에서 데이터 중심의 의사결정을 촉진해야 한다. 데이터 중심의 의사결정을 통해 업무를 개선하며 목표를 실행할 수 있도록 직원들을 독려해야 한다. 또한 직원들의 데이터 리터러시 개발을 지원해야 한다. 관리자는 직원들이 데이터를 사용하는 방법을 이해하고 개인별로 개발 계획을 수립하도록 직무를 통한 교육훈련OJT을 하거나 별도 교육을 제안할 수 있어야 한다. 아울러 데이터에 기반한 소통으로 조직문화 향상에 기여하는 것도 빼놓을 수 없다. 그리고 직원들이 효과적인 데이터 사용을 위한 구체적인 방안을 떠올릴 수 있도록 장려하고 토론을 통해 비판적 시각을 가질 수 있도록 코칭해야 한다.

사내 데이터 리더 양성도 중요하다. 데이터 분석가인 하워드 네빌Howard Neville은 "조직에서 그 누구라도 데이터 리더가 될 수 있다."라고 말했다. 즉 IT 부서나 관리자급 이외에도 데이터를 사용해 혁신적인 해결방안을 주도하고 의사결정 역량을 높이는 데 도움이 되는 유능한 직원들은 모두 리더가 될 수 있다는 것이다. 그들은 조직에서 데이터 기반 행동의 모범을 보여주는 사람들로서 실시간 조직 데이터를 사용해 매일 의사결정에 영향을 미치고 소프트웨어에 능숙하고 데이터 우선 사고방식을 고취하는 사람들이다. 또한 비공식적으로 동료들에게 데이터 전문 지식과 정보를 제공해 전체 조직에서 데이터 가치가 올라가도록 리더십을 발휘하기도 한다. 이외에도 인적자원HR 담당 부서는 데이터 전문인력을 채용하고 직원들의 자기계발을 지원하고 사내 커뮤니티가 활성화되도록 도와주어야 한다.

4.
데이터 리터러시 문화를
조성하라

　구글, 애플, 아마존, 넷플릭스 등 글로벌 데이터 기반 기업들의 공통점은 무엇일까? 데이터 리터러시 경영으로 최고의 경쟁력을 구가하고 있고 그 배경에는 분석 지향적 데이터 조직문화를 구축하고 있다는 점이다. 문화는 거버넌스 등의 규칙과 다르다. 문화는 말이 아니라 행동을 통해 드러난다. 문화는 조직에서 허용되거나 허용되지 않는, 그리고 장려되거나 장려되지 않는 표준과 행동이라 할 수 있다.

　데이터 문화는 조직이 의사결정을 위해 데이터를 가치 있게 사용하며 그 과정이 중요하다고 생각하는 구성원들의 신념과 행동을 지지한다. 그 결과로 조직의 사고방식과 운영에 데이터가 자연스럽게 녹아들어 가는 것이다. 데이터 문화는 조직의 모든 구성원에게 데이터 기반 의사결정에 필요한 통찰력을 제공해 다양한 과제를 해결하는 데 목표가 있다. 건강한 데이터 문화는 모든 직원이 실행 가능한 지식을 만들고 전파하도록 독려한다. 그리고 각 팀의 업무가 조직 전체의 데이터 문화 목표에 부합하도록 한다. 결국 데이터 중심 문화를 만든다는 것은 데이터 중심으로 조직의 관점을 바꾸고 모든 프로세스에 데이터의 구체적 관련성을 수용하는 것을 말한다.

데이터 문화에 대해 정확하게 정의하고 측정하기는 어려우나 가트너에 따르면 건강한 데이터 문화는 다음과 같은 5가지 특징이 있다고 한다.

1. 건강한 데이터 문화는 경영진 수준에서 시작한다.
2. 조직의 목표에 부합한다.
3. 채택하는 전략에 직접 영향을 미친다.
4. 데이터 문화가 거버넌스 정책과 가이드라인을 시행하기 위한 기본 원칙이 된다.
5. 리더가 주도적으로 실천하는 직원들을 인정하고 보상해 무엇이 중요한지를 보여준다.

그렇다면 조직에서는 데이터 리터러시 문화를 구축하기 위해서 무엇을 해야 할까? 첫째, 보고서 형식을 데이터 분석이 포함되도록 바꿔야 한다. 단순 실적을 정리하거나 막연히 그럴 것이라는 대책 대신에 현황 데이터를 바탕으로 문제를 인식하고 문제를 해결하는 방식으로 바꾸는 것이다. 당연히 데이터에 근거한 대책이 들어가도록 최고경영자가 솔선수범해야 한다.

둘째, 전사적 지원 체계를 수립해야 한다. 의사결정이나 판단이 포함된 프로세스들은 되도록 관리자의 판단이 아니라 분석 결과에 따라 자동으로 결정될 수 있도록 시스템화가 될 때 전사적 지원 체계가 만들어진다. 또한 기업의 핵심성과지표가 시각화를 통해 실시간으로 공유되도록 해 의사결정의 객관성을 확보할 필요가 있다.

셋째, 분석 역량과 노력을 측정하고 평가지표를 만들어 보상해야 한다. 기업문화 형성에서 중요한 요소 중 하나는 고과와 보상 체계다. 그러나 대부분의 기업에서 분석 역량이나 노력은 평가에 반영돼 있지 않다. 현업에서는 데이터 활용이 중요하다고 말하면서 실제로는 안 해도 특별히 문제없는 상황이 많다. 따라서 제도나 평가에 데이터 활용은 반드시 해야 할 일로 명시하고 객관적으로 측정하고 보상할 수 있도록 고과 체계를 실행해 동기를 부여해야 한다.

넷째, 실패를 두려워하지 않는 문화를 만들어야 한다. 데이터 활용이 활성화되려면 직원들에게 의사결정에 적용하는 실험을 자주 하도록 격려해야 한다. 하지만 실패를 엄격한 규율과 잣대로 평가하려 든다면 위험 감수를 중단하고 안전을 추구하게 마련이다. 데이터를 분석하다 보면 상대 부서를 공격하는 내용도 들어갈 수 있다. 이럴 때 책임을 묻기보다는 개선 방향에 초점을 맞추고 비판을 겸허히 수용하는 기업문화가 필요하다.

다섯째, 계층별, 수준별로 데이터 리터러시 교육에 투자해야 한다. 직원들이 필요한 경우 어느 때나 전문적인 도움을 받을 수 있도록 전담 조직을 두거나 개인에게 맞는 다양한 교육을 지원하는

게 중요하다. 직원들의 데이터 활용 능력을 키우려면 먼저 팀별이나 개인별로 업무를 효과적으로 수행하는 데 필요한 정보의 종류를 식별하는 눈이 필요하다. 그런 다음 해당 데이터와 관련된 분석 기술 능력이 향상되도록 교육을 하고 해당 데이터 분석의 권한을 부여해야 한다. 지금까지의 현장 교육은 주로 분석 도구를 다루는 데 주안점을 두었다면 비즈니스 관점에서의 문제해결과 비판적 사고를 배울 수 있도록 변화해야 한다. 비판적 사고와 데이터 활용 기술이 조직의 데이터 문화를 성숙시키는 중요한 요소이기 때문이다. 또한 데이터 활용 능력이 회사의 성공에 얼마나 중요한지 직원들을 이해시켜야 한다. 그럼으로써 모든 직원이 '데이터 수집 방법' '데이터에서 배울 수 있는 가치' '정보의 신뢰성' 등에 대해 쉽고 자연스럽게 질문할 수 있어야 한다. 아울러 데이터 유출을 방지하기 위해 데이터의 안전한 취급과 함께 보안에 대한 정기적인 교육을 시행해야 한다.

여섯째, 데이터 커뮤니티를 통해 조직 내 소통을 활성화해야 한다. 열성적인 데이터 사용자들의 네트워크는 조직의 데이터 리터러시를 높인다. 커뮤니티는 내부 경연, 학습 모임, 외부 네트워크와의 이벤트를 통해 기술을 개발하고 동료와 교류하는 기회를 제공한다. 구성원들이 학습, 아이디어, 성공 경험을 교환할 때 연대감이 조성되고 데이터로 비즈니스를 개선한다는 공동의 사명을 중심으로 단결할 수 있다. 2021년 데이터 컨설팅 기업 뉴벤티지 파트너스NewVantage Partners가 『포춘』이 선정한 1,000대 기업을 대상으로 한 설문조사에 따르면 응답 기업의 92.2%가 데이터 중심 조직으로의 변화를 가로막는 장애물은 기술적인 문제가 아니라 변화에 대한 저항이나 이해 부족 등의 문화적 요인이라고 답했다.[4] 이렇듯 전사 차원에서 데이터를 조직의 중요한 자산으로 인식하고 데이터 수집, 분석, 활용 측면에서 모두 함께 노력해야 하는 과제로 여기는 것이 중요하다.

정리하자면 조직 구성원들이 의사결정을 필요로 할 때 관련 데이터를 적시에 찾을 수 있어야 하고 논리적 결론을 도출하기 위해 구성원들이 데이터를 올바르게 해석하고 분석해 잘 활용할 수 있어야 한다. 이를 위해 표준과 가이드 등 거버넌스가 수립되고 관리될 때 데이터 리터러시 문화가 조성될 수 있다.

6장

데이터와 기술로 고객경험을
혁신하라

1.
고객이 원하기 전에 찾아내라

혹시 넷플릭스의 '90초 룰'이라는 말을 들어 본 적이 있는가? 고객들이 시청 여부를 판단하는 데 하나의 썸네일(콘텐츠 이미지)당 평균 1.8초가 걸리고 90초 내 볼 만한 콘텐츠를 찾지 못하면 화면에서 나가버린다고 한다. '90초' 안에 승부가 결정되는 것이다. 넷플릭스는 회사의 모든 역량을 방대한 데이터를 기반으로 한 개인 맞춤형 추천 시스템에 집중하고 있다.

넷플릭스는 추천 알고리즘을 구축하기 위해 2006년부터 약 3년에 걸쳐 100만 달러의 우승 상금을 걸었을 정도로 알고리즘 개발에 사활을 걸었다. 그때부터 사용자의 행태를 수집하고 고품질 시스템을 개발해 필터링하기 시작했다. 이러한 알고리즘을 만들기 위해 '사용자들의 이전 행동(검색, 시청 시간 및 기록, 평점 등)' '다른 회원들의 선택(취향이 비슷한 사람들)' '특정 제목에 대한 정보(카테고리, 장르, 주인공, 출시연도 등)' '넷플릭스에서 비디오를 시청하는 데 사용되는 장치' 등 다양한 데이터들이 결합돼 활용된다고 한다.

그렇다면 이 추천 시스템은 어떻게 작동되는가?[1] 추천 시스템은 크게 '협업 필터링'과 '콘텐츠 기반 필터링'으로 나뉜다. 우선 협업 필터링을 살펴보자. 이 방식은 나와 다른 사람들의 취향을 분석해 취향이 비슷한 사용자가 좋아한 영화를 나에게도 추천하는 것이다. 내가 영화 「타이타닉」을 본다면 이 영화를 본 다른 사람이 좋아한 영화 「어벤저스」를 추천하는 식이다. 협업 필터링은 영화 데이터와 평점 데이터를 이용해서 분석한다. 사용자들이 평가한 평점을 기반으로 유사도 행렬을 구한 뒤 사용자들 간 유사도를 측정하기 위해 상관분석을 한다. 이를 통해 가장 유사도가 높은 사용자가 구매한 영화 중 아직 시청하지 않은 영화를 추천하는 방식이다. 협업 필터링은 사용자의 행동 데이터를 활용해 추천하기 때문에 시청할 확률이 높아진다. 더구나 사용자가 많아질수록 데이터가 쌓여 신뢰도와 추천 정확도가 올라간다. 반면에 사용자의 데이터가 없다면 추천하기 어려운 단점이 있다.

콘텐츠 기반 필터링은 어떻게 작동될까? 이 방식은 내가 봤던 콘텐츠를 분석해서 비슷한 장르와 스토리의 영화를 추천하는 것이다. 예를 들어 내가 일주일 전에 영화 「스파이더맨」을 보았다고 하면 그동안 내가 감상한 30~40개의 콘텐츠를 정렬한다. 배우, 장르, 감독, 스토리 특징 등을 데이터베이스로 만들어 나의 선호도를 파악한다. 이후 내가 소비한 콘텐츠를 기준으로 유사한 특성을 가진 새로운 콘텐츠들의 유사도를 계산해 그중 평점이 높은 순으로 새로운 콘텐츠를 추천한다. 예를 들어 「어벤저스」「캡틴아메리카」

「트랜스포머」와 같은 히어로 액션 영화들이 추천되는 식이다. 하지만 유사한 특성의 콘텐츠를 계속 추천하기 때문에 다양성이 떨어지고 사용자 개개인의 취향을 정밀하게 파악할 수 없다는 것이 단점이다.

넷플릭스가 콘텐츠를 추천하는 대부분의 알고리즘은 이 두 형태를 조합해서 사용한다. 넷플릭스에서는 '내가 무엇을 보고 싶다.' '무엇을 알고 싶다.'라고 별도로 입력하거나 얘기하지 않아도 된다. 나의 취향과 선호도를 데이터로 분석해서 내 마음을 읽어 편리하게 추천한다. 이러한 추천 시스템 덕분에 2억 2,000만 명 이상의 구독자를 보유한 가장 인기 있는 스트리밍 플랫폼 중 하나가 됐다.

데이터 분석을 통해 고객의 잠재된 마음을 읽어 고객들의 일상생활을 편리하게 해주는 서비스들이 주목을 받으면서 개인화를 넘어 초개인화로 나아가고 있다. 개인화가 축적된 데이터를 토대로 고객의 니즈를 파악하고 제안한다면 초개인화는 고객의 상황과 미래 행동까지 예측해 '고객도 모르는 고객이 원하는 것', 즉 고객의 잠재적 요구를 먼저 제안한다. 따라서 개인별 상황과 맥락에 맞게 시간, 장소, 상황을 모두 분석해 고객이 원하는 제품과 서비스를 제공해야 생존할 수 있는 시대가 됐다.

미국의 의류회사 스티치픽스는 스타일리스트와 추천 알고리즘을 통해 원하는 스타일의 옷을 배송하는 구독 모델형 기업이다. 고객이 본인 스타일의 프로필만 채우면 인공지능이 추천 목록을 작성하고 스타일리스트가 이 중 5벌을 선정해 배송한다. 고객은 모두 입어본 후 마음에 드는 옷만 결제하면 된다. 최근에는 고객이 좋아할 만한 상품을 보여주고 선택하게 한 후 해당 상품과 잘 어울리는 액세서리나 다른 옷도 추천하고 있다. 데이터를 통해 옷을 고르는 귀찮은 일을 대신 해주는 등 고객경험을 혁신한 것이다.

디지털 피트니스 트레이닝 앱 브이아이vi는 사용자의 피트니스 루틴을 맞춤화하기 위해 인공지능과 실시간 모니터링을 활용한다. 브이아이에 가입하면 개인정보와 피트니스 목표가 수집되는데 달리기 속도, 이동 거리, 심박수를 기록해 운동 권장 사항을 개인화한다. 브이아이는 이러한 실시간 데이터를 활용해 운동, 건강 상태, 성과에 관한 알림을 사용자에게 보낸다. 고객은 초개인화 기술 덕분에 매일 운동과 피트니스 프로그램에 참여하게 된다.

네이키드와인은 와인을 판매하는 전자상거래 플랫폼이다. 이 회사 역시 데이터를 기반으로 초개인화 기술을 사용한다. 와인 시음과 구매 경험 등 수집된 고객 데이터를 통해 고객의 취향과 예산에 맞는 와인과 프로모션을 제공한다.

고객의 마음을 읽는 데이터의 힘은 비즈니스뿐만 아니라 우리의 인생을 어떻게 바라봐야 하는지에 대해서도 많은 통찰력을 줄 것으로 보인다. 예를 들어 '데이트 상대로 가장 선호하는 사람은 어떤 사람들일까?'라는 질문에 빅데이터 분석은 새로운 해답을 제시한다. 데이트 웹사이트인 Ok큐피드의 설립자인 크리스천 러더 Christian Rudder는 데이트 앱에 등록한 수천만 명의 데이터를 분석했는데 역시 뛰어난 외모를 가진 사람들이 가장 인기 있었다. 그다음으로 머리를 빡빡 밀었거나 보디아트를 했거나 독특한 안경을 쓰는 등 자기 개성이 강한 매력적인 사람들이 선호된다는 사실을 알아냈다. 남녀 데이트에서 학력과 재력보다는 극단적인 매력을 보여주는 것이 성공하는 것이라고 데이터는 말하고 있는 것이다.

'가장 살기 좋은 동네는 어디인가?'라는 질문에 데이터는 우리의 통념과는 다른 것을 내놓는다. 데이터 전문가들이 세금 납부 기록을 활용해 미국인 수억 명의 인생 경로를 추적했는데 가장 좋은 동네는 집값이 비싼 동네나 유명 사립학교가 있는 동네가 아니었다. 그보다 성인 역할 모델을 훌륭하게 배울 수 있는 평범한 동네였다. 구글의 데이터 과학자였던 세스 스티븐스 다비도위츠Seth Stephens-Davidowitz는 야구에서 데이터를 적극적으로 활용해 성공을 거둔 머니볼 혁명이 일어났듯이 인생에서도 데이터를 활용한 라이프볼 혁명이 일어나야 한다고 주장한다.[2] 아울러 수백만 개의 스마트폰에서 추출한 일상생활에서의 신빙성 있는 공식을 통해 인생을 행복하게 사는, 모든 사람의 마음을 읽는 데이터 중심의 인생 해법을 강조했다.

2.

데이터로 예측해 인류를 구하라

빅데이터와 인공지능의 비약적인 발전은 일상생활에서의 예측력도 획기적으로 높이고 있다. 최근 국내에서 열린 '2022 국제 병원 및 의료기기 산업 박람회'에는 빅데이터와 인공지능을 통해 피부암, 간암부터 정신질환까지 예측할 수 있는 솔루션이 등장했다. 또한 침방울 전파를 파악해 감염병에 걸릴 위험도까지 파악하는 기술도 선보였다.[3]

먼저 피부암을 예측하는 솔루션을 보자. 피부암으로 의심되는 부위를 사진으로 찍으면 인공지능 알고리즘이 자동으로 분석해 5초 안에 결과가 나온다. 의사는 악성 가능성이 50% 이상일 경우 피부암으로 발전할 가능성이 있다고 판단하고 그에 맞는 처방을 내린다. 아직은 환자의 동의를 구하고 데이터를 모으는 단계인데 정확도가 80% 이상이라고 한다. 우울증 환자도 인공지능이 진단하고 예후까지 파악할 수 있는 시스템이 개발 중이다. 이를 통해 의료진은 환자의 우울 정도가 앞으로 어떨지 빠르게 파악해 처방할 수 있다. 인공지능 융합 신규 감염병 대응 시스템은 공중에 떠다니는 침방울 분포도를 빅데이터와 인공지능 기술로 파악하고 분석해 감염병을 사전에 차단하는 솔루션이다. 코로나19 바이러스의 주요 감염 경로가 비말이듯이 인공지능 알고리즘 모델을 통해 상황이나 장소에 따라 침방울이 얼마나 확산하는지 등을 자동으로 파악한다. 아직 상용화 전 단계이지만 팬데믹 시대에서 상당히 주목받을 데이터 활용 방법이라 할 수 있다.

질병 이외에 데이터를 활용해 재난을 예측하는 기술도 최근 눈부시게 발전하고 있다. 매년 자연재해와 지구온난화의 악화로 수천 명이 목숨을 잃고 수십만 명이 집을 잃고 있다. 과거 자연재해 예측은 대부분 강수량, 강우 강도, 풍속, 태풍 중심 기압 등과 같은 기상 요인을 사용해 선형 회귀분석을 사용했다. 그러나 이러한 방법만으로는 재난의 정도를 정확하게 예측할 수 없었다. 예를 들어 2016년에 허리케인 매튜Hurricane Matthew는 카테고리 1등급 폭풍으로 예측됐다. 하지만 실제 폭풍의 강도는 달랐고 예측 다음 날 카테고리 5등급인 슈퍼 폭풍으로 변했다. 그러나 최근 빅데이터와 첨단 디지털 기술은 뛰어난 예측력으로 사전 경고를 제공해 생명을 구하고 생존자의 피해를 줄이는 데 도움을 주고 있다.

최근 빅데이터를 통해 수집된 다양한 데이터들은 질병이나 재난을 예측하는 데 큰 도움이 되고 있다. 데이터 수집이 얼마나 다양해졌는지 알아보자. 우선 스마트폰에는 방향 변화를 감지하는 가속도계 센서가 함께 제공되고 사물인터넷의 기하급수적인 증가는 엄청난 수의 센서를 만들어내고 있다. 또한 자율주행 자동차의 급속한 발전으로 주행거리, 속도, 사진, 영상, 배터리 사용량 등 주행과 도로에서의 방대한 양의 데이터세트가 수집되고 있다. 이외에도 드론, 위성, 지리 정보 시스템, 해양 센서 등 다양한 공간과 시간 데이터는 소셜 센서 데이터와 개인용 전자 제품 데이터와 결합돼 유용한 예측을 제공한다. 나아가 동물의 이상 행동을 발견하면 웹사이트에 정보를 보내 임박한 재난을 나타낼 수 있다. 이렇게 셀 수 없이 방대한 데이터들은 인공지능, 클라우드 컴퓨팅과 같은 기술을 통해 정리되고 그룹화하고 분석돼 재난을 예측한다. 특히 인공지능은 방대하고 복잡한 데이터를 학습하고 예측해 자연재해가 발생할 지역에서 제시간에 대피 계획을 세우고 대피소 위치를 지정하는 데 도움을 준다.

질의응답 인공지능시스템인 IBM의 왓슨은 전 세계 20만 개 이상의 기상 관측소를 가진 웨더컴퍼니(자회사)와 연결돼 있다. 왓슨은 이전 데이터에서 학습하고 현재 데이터와 비교해 기존 센서가 감지하기 훨씬 전에 임박한 자연재해의 징후를 식별하고 있다. 또한 웨더컴퍼니는 정전도 예측한다. 데이터는 위성, 유틸리티 네트워크 모델, 정전 기록 등에서 가져오고 IBM의 빅데이터 플랫폼을 사용해 정전을 미리 경고한다.

구글은 인공지능과 빅데이터를 사용해 인도의 홍수 패턴을 예측한다. 예측은 강우 기록, 홍수 시뮬레이션을 통해 이루어지며 강수위, 지형, 지역 고도, 역사적 사건에서도 데이터를 가져온다. 홍수의 발생 시기와 장소뿐만 아니라 홍수의 심각성도 예측한다고 한다. 구글은 공개 알리미를 통해 대규모 분석에 기반한 날씨 경보도 제공한다. 이러한 알람은 구글 검색, 구글 지도, 구글 나우 등으로 스트리밍돼 위기 상황에서 무엇을 해야 하는지 알 수 있도록 도와준다.

최근 메타버스의 확산으로 메타버스의 핵심 구성 요소인 데이터도 크게 주목을 받고 있다. 메타버스는 현실과 가상이 융합된 공간에서 사람과 사물이 상호 작용해 가치를 창출하는 세계(플랫폼)다. 현실 세계에서 발생한 원시 데이터는 메타버스에서 활동하는 아바타로 치환돼 나타난다. 아바타의 채팅, 걷기, 뛰기, 점프, 시선 등을 통해 사용자 데이터를 만들고 각종 대화, 놀이, 쇼핑 등은 아바타, 사물, 인공지능과 상호 작용해 다양한 가치를 가진 데이터로 다시 만들어진다.[4] 예를 들어 메타버스 쇼핑몰에서는 실제 오프라인에서 쇼핑할 때처럼 상품에 대해 머무른 시간, 음성이나 시선, 상품 간 이동 경로, 기타 행동 정보들이 모두 데이터로 저장된다.

온라인 쇼핑몰에서 사용자가 머무른 페이지와 클릭한 상품 등 제한적인 데이터만 수집되는 것에 비하면 엄청난 확장성과 정확성을 갖게 되는 것이다. 데이터 종류가 다양하고 방대하며 실시간으로 생성돼 이러한 데이터들이 데이터 분석, 마케팅, 그리고 일상생활에 활용된다면 더욱 정확한 예측력을 가질 수 있다. 네이버는 자회사인 네이버제트를 만들어 메타버스 플랫폼 제페토를 출시했다. 페이스북은 2021년 10월 회사 이름을 아예 메타로 변경하고 메타버스 시장에 의욕적으로 진출했다. 바로 우리 모두가 메타버스의 데이터에 주목해야 하는 이유다.

3.
서로 다른 데이터를 융합하라

가명 데이터의 결합으로 새로운 가치를 만들다

2020년 8월 데이터 3법인 개인정보보호법, 신용정보법, 정보통신망법이 개정됨에 따라 가명정보 결합이 활성화되고 있다. 가명정보란 이름, 전화번호 등 개인을 식별할 수 있는 정보를 삭제하거나 대체(가명처리)하는 등의 방법으로 식별 가능성을 낮춘 개인정보를 말한다. 개인정보보호법 개정안에 '가명정보 처리에 관한 특례(개인정보보호법 제3장 제3절)'가 만들어짐에 따라 통계 작성, 과학적 연구, 공익적 기록 보존 등을 위한 목적으로 개인정보를 가명처리해 활용할 수 있게 됐다.

가명정보 결합은 23개 가명정보결합전문기관을 통해서만 가능하다. 현재 가명정보결합전문기관은 개인정보보호위원회 주관으로 11개 기관(통계청, 삼성SDS, 케이씨에이, 한국지역정보개발원, 롯데정보통신, 한국정보인증, 신세계아이앤씨, 국세청, 한국사회보장정보원, LG CNC,

CJ), 보건복지부 주관 3개 기관(국민건강보험, 건강보험심사평가원, 국립암센터), 과학기술정보통신부 주관 5개 기관(더존비즈원, 한국지능정보사회진흥원, SK C&C, 비씨카드, 한국데이터산업진흥원)이 있다. 이외에도 국토교통부(한국도로공사), 교육부(한국교육학술정보원), 산업통상자원부(한전KDN), 행정안전부(국가정보자원관리원)가 가명정보결합전문기관을 각각 1개씩 주관하고 있다. 온라인 정보 제공 업체인 바이라인네트워크의 기사에 따르면 2022년 9월 가명정보 결합 신청 건수는 252건이며 최근에는 금융 분야를 중심으로 보건의료와 행정 분야 등으로 확산되고 있다고 한다.

한편 안전한 가명정보 활용의 저변을 확대하기 위해 개인정보위원회, 과학기술정보통신부, 금융위원회, 보건복지부 주최로 2021년 11월 '가명정보 활용 아이디어·우수사례 경진대회'가 개최됐다. 이 중 가명정보를 결합한 우수사례 3가지를 소개한다.[5]

사례 1은 통신사와 카드사의 지역별, 상권별, 상품별 소비 패턴 분석 사례다. 통신사는 성별·연령별 정보, 근무지, 관심 분야, 빅데이터 분석을 통해 도출한 거주지 등의 추정 정보, 카드사는 서울지역 해당 마트 구매상품의 품목 정보, 구매금액 정보를 한국지능정보사회진흥원을 통해 결합했다. 이를 분석한 결과 1인 가구는 의류·패션잡화와 디지털기기·가전제품을 주로 구매했고 자녀가 있는 가구는 주로 식품을 구매한다는 사실을 발견했다. 구매금액 기준 상위 고객은 30대이며 유·아동 의류와 완구의 구매 비중이 높은 것으로 나타났다. 두 회사는 데이터들을 결합함으로써 고객 형태별 소비 행태 분석, 고객 관심사 기반 구매 연관성 분석이 가능해졌다.

사례 2는 편의점의 인공지능 상품추천 모델 구축 사례다. 편의점의 신용카드로 결제된 영수증 데이터(거래 및 품목 정보, 약 1,600만 개)와 신용카드사의 편의점 매출 정보, 고객 및 가맹점 특성 정보(약 1,600만 개)를 금융보안원을 통해 결합했다. 편의점이 보유한 점포별 영수증 데이터와 카드사가 보유한 고객의 소비 패턴 정보를 결합해 상세한 고객 소비 행태를 분석했으며 개별 점포의 상권, 주 방문고객 선호도 등을 고려한 가맹점 맞춤형 컨설팅이 가능해졌다. 특히 고객 방문 패턴에 따른 재고관리 전략 수립, 지역 상권별 고객 취향에 맞는 시그니처 메뉴 개발, 주 방문고객 선호 상품의 맞춤형 배열을 할 수 있게 됐다.

사례 3은 증권사와 신용카드사의 코로나19 전후 소비와 투자 관점의 데이터 결합과 분석 사례다. 증권사의 개인 고객의 투자자산 및 약정금액, 주식 거래량 등(약 70만 개)과 신용카드사의 업종별 결제금액, 추정소득, 신용등급 정보 등(약 70만 개)을 금융결제원을 통해 결합했다. 이를 통해 'MZ세대는 총자산 평균이 그 외 세대보다 더 많이 증가했고 해외주식 비중이 상대적으로 더 크다.' 'MZ세대는 종합금융회사나 증권사 자산관리계좌CMA의 비중이 높으나 그 외 세대의 경우 주식투자 비중이 더 높다.'라는 사실을 알게 됐다. 또한 '세대별 소비 비중에는 큰 변화가 없으나 소비금액이 큰 폭으로 감소했다.' '비대면 업종의 소비가 증가했고, 배달 사용 비중과 금액은 모두 증가했고, 마트와 편의점, 학원 업종의 소비 비중은 비슷했고, 여행·음식·공연·취미 분야의 사용금액은 큰 폭으로 감소했다.'라는 결과를 확인했다. 이렇듯 소비, 대출, 투자 분석을 통해 고객의 수익률 분석, 소비 패턴 변화 분석, 신용도 변화 분석을 진행했고 향후에는 거래 플랫폼을 통해 누구나 쉽게 연구 결과와 데이터를 활용할 수 있도록 제공할 예정이라고 한다. 두 회사의 데이터 결합으로 소비 패턴과 신용도 변화 분석과 함께 세대 특성별 소비·투자 패턴의 사전 예측이 가능해졌다.

데이터와 생태계를 융합해 새로운 고객경험을 만들다

바야흐로 모빌리티의 시대가 도래했다. 자동차에 최첨단 기술이 더해지면서다. 어쩌면 우리는 '자동차'라는 용어를 쓰는 마지막 세대가 될지도 모른다고 한다. 전통적인 자동차는 '4개의 바퀴를 달고 도로 위를 달리는 기계'를 뜻한다. 반면 모빌리티는 자율주행 자동차를 포함해 로봇이나 도심항공UAM 등 첨단기술을 갖춘 모든 이동 수단을 일컫는다. 모빌리티는 이동 수단 안에서 이뤄지는 각종 서비스를 포함하기도 한다. 모빌리티 시대에 대응하기 위해 미국 포드는 구글과 제휴해 전 분야에서 디지털 혁신을 추진하고 있다. 2023년부터 구글의 클라우드와 인공지능 기술을 활용해 제품 개발부터 제조, 조립 공정과 공급망의 개선을 추진한다. 클라우드에 축적된 빅데이터에 인공지능 기술을 활용하고 분석해 각 공정 단계에서 최적의 포트폴리오를 도출해내는 것이다. 이를 통해 전체 공장 운영을 디지털화하고 생산의 효율성을 극대화하는 것을 목표로 하고 있다.

그렇다면 자동차 산업에서 데이터는 왜 중요한 걸까?[6] 자동차의 디지털 기기화를 넘어 제조부터 판매에 이르는 전 과정에서 디지털화가 빠르게 이뤄지고 있기 때문이다. 스마트 팩토리는 빅데이터를 기반으로 고객의 수요와 선택을 예측하고 그에 맞도록 생산을 조율하는 것이다. 색상과 선택 사양만 조금 다른 같은 차종을 만드는 것이 아니라 고객들의 취향과 부품 공급 상황 등을 고려해 유연하게 만드는 것이다. 이와 같은 스마트 팩토리의 혁신을 위해서는 전체를 제어하는 소프트웨어도 중요하지만 데이터와 분석 능력이 반드시 필요하다. 또한 자율주행 시대를 맞이해 자동차 기업들의 데이터 역량 보유는 절대적이다. 자율주행을 위해서는 레이더, 레이저 기반 센서, 고화질 카메라를 통해 주변 정보를 파악해 정확하게 분석하고 빠른 판단을 내려야 한다. 또한 주변 자동차와 교통 인프라 등과도 통신해 차량 흐름을 확인하고 다양한 돌발 변수들도 예측해야 한다. 이렇게 양질의 데이터의 양이 많을수록 주행 정확도가 높아지기 때문에 데이터 관리 역량은 자동차 회사의 경쟁력이라 말할 수 있다.

자동차 기업들은 운영체제os도 자체적으로 개발하고 있다. 자체 운영체제를 통해 데이터를 확보할 수 있고 업계 장악력 확보와 부가가치 창출에도 도움이 되기 때문이다. 운영체제는 전기차는 물론 자율주행 자동차를 제어하는 시스템으로도 쓰이고 있다. 현대자동차그룹은 운영체제 분야의 변화에 발 빠르게 대처해 일찍이 커넥티드 카 생태계를 구축했다. 커넥티드 카는 인터넷에 연결할 수 있는 자동차다. 뉴스, 날씨, 실시간 교통 정보는 물론 음성 전화, 내비게이션, 음악 재생, 주행 보조 기능을 운전자에게 제공한다. 보통 대시보드용 디스플레이를 통해 이러한 기능을 실행할 수 있다.

현대자동차그룹은 커넥티드 카를 통해 수집한 데이터에 정제, 분석 기술을 적용해 2019년부터 오픈 데이터 생태계를 구축해왔다.[7] 자사의 자동차 데이터 기술을 활용해 국내 스타트업, 중소기업, 대기업과 협력해 고객의 카 라이프를 위한 다양한 신규 서비스를 만들려는 목적에서다. 이 오픈 데이터 생태계는 고객의 차량으로부터 수집한 주행거리, 잔여 주유량, 운전 습관 등의 운행 데이터를 외부에서 활용 가능한 API 형태로 가공해 제휴사들에 제공한다. 이를 통해 제휴사들은 고객에게 차량 관리, 차량 편의, 차량 정보, 차량 금융의 총 4가지 모빌리티 서비스를 제공할 수 있게 된다.

차량 관리는 주유와 정비 기록 등 고객이 차량 관리 내역을 한눈에 파악하고 소모품 교체 주기 알림을 받고 커뮤니티를 통해 다양한 차량 관련 정보를 공유할 수 있는 서비스다. 차량 편의 서비스를 통해서는 실시간 차량 위치 데이터를 이용해 차 안에서 주문과 결제는 물론 상품을 픽업하고 출장 세차 서비스를 받을 수 있다. 차량 정보 서비스는 자동으로 주행거리를 업데이트하고 운행일지를 기록하고 안전 운전을 독려하는 차원에서 고객에게 포인트를 제공한다. 차량 금융 서비스는 필수 가입인 보험과 관련해 운전 습관을 분석해 할인 혜택을 제공하고 오픈 데이터를 통해 가입의 편의성을 높인다.

현대자동차그룹의 광고 계열사인 이노션의 빅데이터 분석 전담 조직인 데이터커맨드센터는 「넥스트 모빌리티 프로젝트」 보고서를 통해 '자동차를 넘어 미래 모빌리티는 데이터를 근간에 두고 발전해야 한다.'라고 강조했다. 즉 미래 모빌리티의 시대는 하드웨어가 아니라 소프트웨어와 데이터에 의해 좌우된다는 것이다. 이제 데이터 활용은 하나의 산업에만 머무르지 않고 다양한 산업의 오픈 생태계를 통해 서로 융합해 고객에게 더 나은 가치를 가져다줄 것으로 보인다. 우리의 데이터 리터러시도 이제 활용에서 융합으로 더 발전해야 할 것이다.

4.
데이터와 기술을 결합해
새로운 시장을 열어라

데이터와 인공지능 기술을 연계해 시장을 석권하다

2022년 7월 중순 인도의 음식 배달 업체 조마토Zomato가 인도 주식시장에 상장했다. 조마토의 공모주 청약률은 35 대 1을 기록했고 평가액은 120억 달러(약 15조 8,000억 원)에 달했다. 모건스탠리, 피델리티, 싱가포르 정부 등도 참여했다고 한다. 왜 그렇게 조마토에 열광하는 걸까?[8]

2010년에 설립된 조마토는 식품 사업이면서 현대적인 테크 기업이다. '한국판 배달의민족'인 셈이다. 조마토는 배달 차량, 트럭, 창고, 식당, 식품 매장, 농장 등을 가지고 있지 않은데도 식당의 음식을 집까지 배달한다. 조마토는 인도 국민 14억 3,000만 명의 식습관에 혁명을 일으켰다. 인도는 자가용 소유 가정이 단 2%뿐이다. 인도 국민의 90%는 외식하지 않는다. 남의 집에서 요리한 음식을 절대 먹으려 하지 않는 사람들이 많기 때문이다. 아침부터 외식하는 중국과는 완전히 대비된다. 하지만 클릭 몇 번으로 음식이 배달되고 빠르게 입소문이 나면서 조마토는 식당 음식을 사 먹지 않는 인도 국민의 식습관을 확 바꿔 놓았다. 조마토는 지역 내 관계 형성과 현지 지식 투자 등 무형자산을 중요하게 생각한다. 식당들과 협업해 음식들을 평가하고 메뉴와 가격을 개선해 현지 배달 업체를 선정한다. 현재 20만 개 이상의 레스토랑 파트너와 약 10만 명의 배달 파트너가 있으며 지금까지 약 1억 건 이상의 배달 주문을 받았다고 한다.

조마토는 현대적인 테크 기업과 마찬가지로 데이터 수집, 저장, 정리, 분석에 능하다. 음식, 배달 시간, 가격, 할인에 대한 고객의 선호와 취향을 추적해 통찰을 얻는다. 이를 통해 계절별, 지역별 음식의 트렌드, 축제 기간 등의 정보와 결합해 고객별 맞춤 메뉴를 즉시 제시한다. 고객 친밀도가 매우 높아 고객이 이 플랫폼을 바꾸기가 쉽지 않다고 한다. 조마토가 데이터와 기술을 어떻게 사용하는지 알아보자.[9] 우선 조마토는 수집된 방대한 양의 데이터를 머신러닝을 통해 학습해 각 고객에게 더 개인화된 권장 사항을 제공하고 학습을 기반으로 대상 고객과 식당을 더 잘 연결한다. 아울러 특정 요리, 가격, 브랜드, 위치 등에 대한 권장 사항을 맞춤형으로 제공한다. 레스토랑 추천은 과거 구매 이력, 검색 기록과 함께 주변에 있는 다른 유사한 고객이 주문하는 내용을 기반으로 이루어진다. 개인화된 추천 시스템으로 조마토는 구매전환율과 클릭률을 15% 향상했다고 한다. 나아가 조마토는 자연어 처리를 기반으로 하는 머신러닝을 사용해 소셜 미디어 게시물과 고객 리뷰를 분석한다. 이러한 분석은 회사에 통찰력을 제공해 브랜드를 구축하고 대상 고객의 감정을 이해하는 데 도움이 된다. 음식 준비 시간도 양방향 딥러닝 모델을 사용해 실시간으로 정확하게 예측한다. 조마토는 데이터와 인공지능 기술을 사용해 어떻게 해당 비즈니스의 정상에 오르는지 그 방법을 우리에게 보여주고 있다.

데이터와 인공지능을 효과적으로 활용해 업무를 혁신하다

1988년 설립된 중국의 핑안보험그룹은 세계 최대의 보험그룹이다. 핑안보험그룹은 탁월한 데이터 수집과 분석 역량을 활용해 고객 경험을 획기적으로 개선했다. 통상 교통사고가 나면 경찰이 달려오고 보험회사 직원이 출동해서 사진을 찍고 견적을 낸다. 그리고 많은 절차를 거쳐 서류를 만들어 제출하고 몇 주를 기다려야 보험금을 받을 수 있다. 핑안은 불편하고 고통스러운 보상 청구 절차를 데이터와 인공지능 기술을 활용해 없애버렸다.

핑안보험그룹의 자회사인 핑안손해보험은 2017년에 '초고속 현장 조사' 시스템을 선보였다. 만약 고객이 도로 한가운데에서 사고를 당한다면 경찰이나 보험사 직원을 부를 필요가 없다. 스마트폰 앱에 들어가 몇 가지 질문에 답하기만 하면 된다. 조사자가 현장에 출동하지 않는 대신 고객 스스로 사고로 파손된 자동차의 사진을 찍어서 보험사로 보내면 3분 안에 수리 견적이 통보된다. 통보된 견적을 고객이 확인하고 다시 회사로 통보하면 보험금이 산정돼 고객의 통장으로 입금되도록 했다. 보험금을 신속하게 청구할수 있도록 절차를 획기적으로 개선한 것이다.

평안보험그룹은 이러한 자동차 견적 시스템을 만들기 위해 무려 2,500만 개 이상의 자동차 모델별 부품 데이터베이스를 구축했다. 이러한 데이터베이스를 통해 손상된 차량의 사진과 비교해 부품을 수리할지, 교체할지를 평가한 다음 부품 비용과 인건비를 계산한다. 교통사고 상황별로 다양한 사고 시나리오에 따라 관련된 모든 정보를 자동차 견적, 보험사기 방지 규칙 등의 복잡한 매트릭스와 연결하고 안면, 음성, 이미지를 인식하는 인공지능 기술과 통합해 시스템이 작동되고 있다. 평안보험그룹은 데이터와 인공지능 기술에 더해 보험 분야에서 최고 전문가들로 팀을 꾸려 시스템을 개발하는 데 3년이 걸렸다고 한다. 이렇듯 데이터와 인공지능 기술을 연계하면 힘든 수작업을 제거해 생산성을 높일 수 있을 뿐만 아니라 더 스마트하고 더 빠르게 의사결정을 지원해 고객 불편을 획기적으로 줄일 수 있다.

7장

데이터 리터러시를 선도하라

1.
실패를 교훈 삼아라

　2019년 디지털 뉴스 아시아의 기고에 따르면 기업들이 추진하는 데이터 프로젝트의 85%가 실패한다고 한다. 주로 리더십, 잘못된 의사소통, 데이터나 기술 부족, 너무 과한 전망 등으로 잘못된 결과를 낳는다는 것이다.

　구글도 데이터 분석에 실패한 사례가 있다. 구글의 웹 서비스인 구글 독감 트렌드는 2008년에 약 25개국의 독감 유행을 예측하기 위해 시작됐다. 특정 지역의 독감에 대한 구글 검색어를 과거 기준선과 비교한 결과에 따라 독감 활동 수준을 낮음, 중간, 높음 또는 극심으로 분류했다. 그러나 그 결과는 참담했다. 2009년은 물론 2013년 A형 독감 시즌이 절정에 이르렀을 때도 예측에 실패했다. 2013년에는 무려 140%나 차이가 났다고 한다. 나중에 알려지기로는 알고리즘에 결함이 있었고 여러 요인이 고려되지 않았다고 한다.

예를 들어 사람들이 '감기'와 '열'과 같은 단어를 검색한다고 해서 반드시 A형 독감 관련 증상을 검색한다는 의미는 아니다. 사람들이 단순한 계절성 증상으로 보고 검색했을 수도 있기 때문이다. 가장 큰 실패 원인은 전염병은 전문 의료진과 독감 연구진들의 도움이 필요한데 단순 검색어만으로 독감을 예측하려고 했다는 것이다. 수집한 데이터의 질이 아주 낮았다고 할 수 있다.

미국의 대형 할인마트 타깃의 사례는 여러분도 많이 들어보았을 것 같다. 내용은 이렇다. 한 중년 남자가 매장의 헬프 데스크에 와서 매니저에게 민원을 제기했다. 고등학생 딸에게 아기 옷과 유아용 침대 할인쿠폰을 보냈다는 사실에 단단히 화가 난 것이다. 하지만 3일 후 상황이 바뀌었다. 아버지가 자신의 딸이 임신한 사실을 안 것이다. 타깃은 부모도 알지 못했던 한 여고생 고객의 임신 사실을 예측하고 '미래 고객' 확보 차원에서 임산부용 물품의 할인쿠폰을 발송한 것이다. 이 사실은 그 당시 언론의 큰 화제가 됐다. 타깃은 언론 보도와 예측 시스템 덕분에 매출이 대폭 상승하기도 했다. 그래서 그동안 너무나도 유명한 빅데이터 프로젝트의 성공 사례로 알려져 왔다. 하지만 요즘에는 아주 잘못된 고객 타깃팅으로 사생활을 침해했다는 비판과 함께 실패한 사례로 거론되고 있다. 사생활과 민감성은 너무나도 중요하며 데이터 분석 결과를 현명하게 사용해야 한다. 그렇지 않으면 고객과의 신뢰가 손상될 수 있다. 데이터는 올바르게 사용하지 않으면 이렇게 어려움에 봉착하게 된다.

우리나라의 스캐터랩이 제작한 대화형 인공지능인 이루다 챗봇도 개인정보를 무분별하게 사용해 논란을 일으킨 대표적인 실패

사례다. 메신저가 익숙한 신세대를 겨냥해 페이스북 메신저에 구축된 이루다는 모바일 메신저로 말을 걸면 실제 사람과 대화하는 듯한 인공지능 챗봇이다. 의성어나 신조어 등 친근한 어투로 생동감 있는 대화를 구사하기 위해 실제 연인들이 나눈 대화 데이터를 딥러닝 방식으로 학습했다고 한다. 하지만 개인정보 활용에 대한 제대로 된 동의도 구하지 않고 데이터를 무분별하게 수집했다는 논란이 일었다. 또한 사회적 편향성 문제도 있었다. '성차별' '동성애' '장애인' 등과 같은 주제에 대해 한쪽으로 쏠리는 차별적인 대답을 해 사회적으로 큰 물의를 일으켰다. 예측의 실패라기보다는 데이터 수집의 실패라고 할 수 있는 사례다. 최근 이러한 문제를 개선해 이루다 챗봇 2.0이 출시됐다고 한다.

데이터 관리의 중요성을 보여주는 사례도 있다. 미국 사무용품 소매업체인 오피스맥스는 일리노이에 사는 마이크 세이Mike Seay라는 중년 남성에게 홍보 우편물을 보냈다. 그런데 충격적이게도 우편물 겉봉의 수신자 이름에 '마이크 세이, 자동차 사고로 딸 사망'이라는 내용이 적혀 있었다. 그는 1년 전에 자동차 사고로 딸을 잃었다. 자식을 잃은 부모들의 상담 모임에 참석하러 집을 나가려던 중 이 우편물을 받았다고 하니 그 충격이 이루 말할 수 없었다고 한다. 오피스맥스는 '제삼자 공급자를 통해 임대한 메일링 리스트의 결과'라고 말하고 사과했다. 분석하는 데 많은 데이터가 필요하지만 불필요한 것은 폐기해야 한다. 이 사건은 회사가 데이터를 사용하는 방법과 분석 프로그램을 실행하기 전에 데이터를 확인하는 것이 중요하다는 점을 알려준다.

영국의 유통 공룡인 테스코는 2000년 초반까지만 하더라도 데이터 분석으로 승승장구했다. 당시 테스코는 멤버스 카드를 통해 고객 구매 데이터를 수집 분석한 뒤 고객들이 가격에 민감하게 생각하는 품목들의 가격을 경쟁사보다 낮추는 전략으로 크게 성장했다. 하지만 이런 테스코도 커다란 실패를 경험했다. 빅데이터 전문가 박형준은 저서 『빅데이터 전쟁』에서 몰락의 원인을 다음과 같이 소개하고 있다.

첫째, '비즈니스'가 아니라 '데이터'를 우선했다. 조직이 점차 커지면서 데이터 분석으로 해결할 수 없는 부분이 많이 생겨났지만 테스코는 데이터 분석을 지나치게 믿었다. 2000년대 후반 들어 유통 산업의 대형화와 온라인화가 급속히 진행되면서 '소품종 대량 생산'과 '타깃형 전문 매장'이 중요한 경쟁 트렌드로 대두됐다. 하지만 테스코는 애매한 위치에 포지셔닝하고 있던 탓에 유통시장에서 점점 경쟁력을 잃었다. 테스코의 데이터 분석은 마케팅에만 집중돼 있는 반면 마케팅의 근본 바탕인 기업의 핵심 역량 강화에는 적절하게 대처하지 못했다.

둘째, '고객'이 아니라 '제품' 위주로 분석했다. 기존 제품과 가격 위주의 데이터 분석 전략을 고수한 나머지 고객의 행동과 성향, 특성을 놓친 것이다. 또한 기존의 테스코 고객들이 보여주었던 경험을 다른 국가의 고객에게 그대로 적용해 여러 나라에서 실패를 맛봐야 했다. 데이터가 아니라 비즈니스를 우선해야 하는데 시장과 고객을 이해하려는 노력이 부족했고 혁신 없이 기존 전략만 고수한 것이다.

2.
데이터를 활용하고 교육하라

세계 최대 숙박 공유 플랫폼인 에어비앤비가 예약 전환율을 높일 수 있었던 것도 당연히 데이터 분석 덕분이었다. 에어비앤비는 데이터를 '고객의 목소리'라고 정의한다. 데이터를 통해 고객이 원하는 것을 찾고 고객이 불편을 느끼는 부분을 해소해 자사의 서비스를 최적화하겠다는 의지의 표현이다. 에어비앤비에서 근무했던 한 데이터 과학자가 여기에 대한 글을 올렸다. 시사점 중심으로 살펴보자.[1]

에어비앤비는 다른 숙박시설과 달리 호스트가 숙박 요청을 보고 '수락'하거나 '거절'할 수 있다는 것이 특징이다. 따라서 호스트의 수락률을 높이고 거래가 많이 성사되도록 하기 위해 호스트의 선호도를 파악하는 프로젝트를 실시했다. 우선 그동안의 비즈니스 경험을 통해 숙박 요청의 '체크인 갭Checkin Gap과 체크아웃 갭Checkout Gap에 따라 호스트의 선호도에 차이가 있을 것'이라는 가설을 세웠다. 예를 들어 호스트가 에어비앤비에 1월 1일에서 14일까지 2주 동안 숙박을 제공한다고 올릴 때 만약 1월 8일과 9일로 숙박 요청이 들어오면 그 앞뒤로 체크인 갭(7일)과 체크아웃 갭(5일)이 발생하게 된다. 따라서 예약이 가능한 기간에 최대한 예약을 받으려고 하는 호스트는 이러한 '체크인 갭+체크아웃 갭'을 최소화하려고 할 것이다. 실제 분석해보니 갭의 일자가 긴 숙박 요청일수록 수락률이 떨어지는 양상을 보였다고 한다. 하지만 어떤 호스트들은 띄엄띄엄 게스트를 받는 것을 더 선호할 수도 있을 것이다.

그래서 에어비앤비는 다시 범위를 좁혀 '숙박시설이 위치한 도시의 규모에 따라 호스트의 선호도에 차이가 있을 것'이라는 가설을 세웠다. 그 결과 실제로 도시의 규모에 따라 갭의 일자에 의한 수락률이 상당한 차이를 보였다고 한다. 큰 도시는 요청하는 게스트도 많고 렌트비도 비싸다 보니 수락률이 높기 때문이다. 에어비앤비는 더 나아가 '숙박 요청 시기와 숙박 시기에 따라 호스트의 선호도에 차이가 있을 것'이라는 새로운 가설을 세웠다. 즉 숙박 요청을 임박해서 하는 것(예를 들어 7일 미만 전)보다 한참 전에 하는 것(7일 이상 전)을 더 선호할 것으로 본 것이다. 실제 데이터를 분석해본 결과 숙박 시기로부터 한참 전에 들어온 숙박 요청을 선호하는 호스트들이 더 많았다고 한다. 그 외에도 숙박할 게스트 숫자, 주중 또는 주말인지 등에 따라 선호도에 차이가 있었다고 한다.

이 모든 과정을 통해 숙박 요청 특성에 따라 호스트의 선호도에 차이가 있다는 가설을 확인하고 '요청을 받아들일 가능성이 큰 호스트의 숙소 호스팅을 검색 결과의 상단에 배치하게 되면 모두가 만족할 것이다.'라는 결론을 내렸다고 한다. 그 후속으로 에어비앤비는 호스트의 과거 행동을 기반으로 호스트의 선호도를 학습하는 알고리즘을 통해 머신러닝 모델을 개발했고 검색엔진에 적용했다. 그 결과 예약 전환율이 약 3.75% 상승해 더 많은 거래가 성사됐다고 한다. 이렇듯 에어비앤비는 사전에 축적된 다양한 비즈니스 지식을 기반으로 꼬리에 꼬리를 무는 다양한 가설을 세우고 데이터로 검증했다. 실제 모델을 개발해 업무에 적용해 프로세스를 개선한 것이다.

한편 에어비앤비는 모든 임직원의 데이터 리터러시 향상을 위해 2016년 데이터 유니버시티를 설립해 운영하는 것으로도 유명하다. 모든 의사결정을 데이터 기반으로 하기 위해서는 데이터 과학자들에게만 의존할 수가 없어서 모든 직원에게 데이터 교육을 확장할 필요성을 느낀 것이다. 데이터 유니버시티 프로그램은 구글의 내부 팀 교육 프로그램을 모델로 했다. 데이터 기반 의사결정에 필요한 핵심 요소를 데이터 접근성, 데이터 도구 활용, 데이터 교육으로 정했다.

애초 데이터를 통해 고객에게 '목소리'를 전달하는 것이었지만 최근에는 역할과 관계없이 모든 구성원이 데이터에 접근하고 데이터를 이해하기 쉽게 만드는 것을 교육의 목표로 하고 있다. 사내 데이터 전문가들이 다양한 주제의 과정을 수준별로 진행하는데 설립한 이후 약 400개 이상의 과정이 진행됐다. 4,000명 넘는 임직원의 대다수가 하나 이상의 과정을 수강했다고 한다. 특히 현업 맞춤형 교육인 데이터 U 인텐시브는 사업부 단위별로 부서에서 사

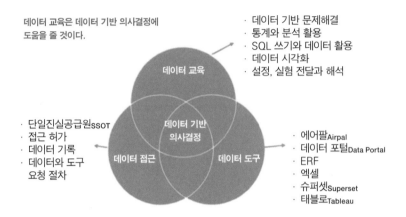

데이터 기반 조직 의사결정의 3가지 역량[2]

데이터 교육은 데이터 기반 의사결정에
도움을 줄 것이다.

· 데이터 기반 문제해결
· 통계와 분석 활용
· SQL 쓰기와 데이터 활용
· 데이터 시각화
· 설정, 실험 전달과 해석

데이터 교육

데이터 기반
의사결정

· 단일진실공급원SSOT
· 접근 허가
· 데이터 기록
· 데이터와 도구
　요청 절차

데이터 접근

데이터 도구

· 에어팔Airpal
· 데이터 포털Data Portal
· ERF
· 엑셀
· 슈퍼셋Superset
· 태블로Tableau

(출처: 에어비앤비 엔지니어 블로그)

용하는 데이터를 가지고 교육한다. 교육 커리큘럼을 보면 초급 과정(100레벨)은 데이터의 이해 과정이다. 데이터 기반 의사결정, 통계와 데이터 자원의 기초를 교육한다. 중급 과정(200단계)은 데이터의 수집과 시각화를 주제로 핵심 데이터, SQL, 슈퍼셋, 태블로, ERF, 날리지리포 등 분석 도구를 가르친다. 고급과정(300단계)은 대규모 데이터와 관련해 하이브, 에어플로, R, 파이썬, 머신러닝, 데이터 로깅 등을 교육한다. 교육의 성과를 측정하기 위해 데이터 유니버시티의 주간 활성 사용자 수, 참석자의 추천 점수, 수업을 수강한 직원 수 등 세 가지 지표도 수립해 측정하고 있다.

　에어비앤비의 데이터 교육은 큰 성과를 거두었다. 교육 참가 후 직원의 80% 이상이 업무에 데이터를 활용하게 됐다. 데이터 업무 지원 요청이 50% 이상 감소했고 내부 데이터 플랫폼을 적극적으로 사용하는 비율도 50% 증가했다. 또한 중개자 없이 필요한 답변을 '셀프 서비스'할 수 있도록 하여 정보를 찾는 시간을 크게 단축했다. 이를 통해 당연히 데이터 과학팀은 전문 프로젝트에 더욱 집중할 수 있었다. 우리가 배운 데이터 리터러시의 모범을 보여주는 좋은 사례다.

3.
최고경영자가 진두지휘하라

최고경영자의 솔선수범으로 데이터 자산 가치를 키우다

1990년대 초 라스베이거스의 카지노들은 고객 유치를 위해 치열한 경쟁을 벌이고 있었다. 하지만 자금이 부족했던 해러스 카지노는 시설 투자 대신 고객 데이터에 관심을 가졌다. 지역별로 흩어져 있는 해러스의 카지노 시스템을 통합해 전국적으로 고객 데이터베이스를 구축했다. 그러나 해러스의 회원 프로그램은 효과를 거두지 못했고 회원 중 65%가 다음번에는 다른 카지노로 옮겨갈 정도로 충성도가 낮았다고 한다. 이에 해러스는 위기감을 느끼고 1998년 하버드대학교 경영대학원의 게리 러브먼Gary Loveman 교수를 최고경영자로 영입했다. 회의적인 시각에도 불구하고 게리 러브먼은 다음과 같은 경영 정책을 밀어붙였다.[3]

첫째, 제일 먼저 고객 데이터를 수집하기 시작했다. 토털 리워드라는 회원 카드를 통해 회원들의 개인정보와 함께 여행과 숙박, 카지노 내 지출 등 모든 행동을 추적했다. 해러스에서는 레스토랑이나 슬롯머신 등을 이용하려면 모든 결제를 회원 카드로 해야 하는데 룰렛 등의 도박을 위한 칩도 이 카드로 구매하도록 했다. 이를 통해 해러스는 고객이 어떤 도박을 얼마만큼 이용했고 얼마를 잃거나 땄고 어떤 상점에서 얼마를 지출했는지를 추적할 수 있었다고 한다.

둘째, 분석 인프라에 투자하고 분석 인력을 채용해 그동안 축적된 데이터를 분석하기 시작했다. 데이터 분석 결과 고객들이 연간 게임 예산의 36%만을 해러스 카지노에서 지출하고 있어 고객 충성도 제고가 시급하다는 사실을 알게 됐다. 또 다른 데이터 분석은 그동안 이 회사가 가져왔던 인식과는 달리 완전히 놀라운 결과를 알려주었다. 카지노 수익의 82%는 26%의 고객에게서 발생하는데 수익 기여도가 높은 고객들은 큰돈을 자주 베팅하는 고객들이 아니라 적은 돈으로 도박하는 고객들이었다. 그들은 주로 소득이 높지 않은 중년 이상의 고객들로서 전직 교사, 의사, 은행원, 기계공 등이었는데 하루에 50달러의 적은 돈으로 도박을 한다는 결과가 나왔다. 하지만 그들은 1년에 30회 정도 카지노를 방문했고 보상은 기존 기프트숍 할인이 아니라 호텔 숙박비 할인이나 카지노 칩을 선호했다. 해러스의 목표는 고객이 정기적으로 미용사와 정비사를 방문하는 것처럼 카지노를 정기적으로 방문하도록 하는 것이었다.

셋째, 데이터 분석 결과를 마케팅과 서비스 정책에 적극적으로 활용했다. 회원들을 성별, 연령별, 지출 이력 등을 바탕으로 무려

80개의 세부 집단으로 구분한 뒤 각 집단의 특성에 적합하도록 마케팅을 차별화했다. 예를 들면 휴가철에도 예약을 늦게 하고 고액 베팅을 하는 회원들의 특성을 고려해서 방을 미리 빼두기도 했고 슬롯머신을 주로 이용하는 회원들에게는 그들이 선호하는 슬롯머신을 파악해 배치를 바꾸기도 했다. 또한 개인별로 따고 잃는 금액을 실시간으로 추적하다가 잃는 금액이 도박을 중지할 정도의 큰 액수에 가까워지면 직원이 다가가서 무료 식사나 무료 쇼 티켓을 제공했다고 한다. 기분을 누그러뜨리고 호텔에 계속 머물도록 유도하기 위한 목적이었다.

또한 연간 가치 기준으로 회원을 골드, 플래티넘, 다이아몬드의 3등급으로 나누어 눈에 띄는 차별화된 서비스를 도입했다. 예를 들어 데이터베이스 분석을 통해 우수 회원들은 특히 빠른 서비스를 원한다는 사실을 발견하고 플래티넘 접수대를 마련하거나 레스토랑에 거의 줄을 서지 않도록 했다. 이렇듯 카지노의 모든 경험은 고객이 더 높은 수준의 카드를 얻고 싶어 하도록 재설계됐다.

넷째, 러브먼은 데이터 지향적인 조직 문화를 구축하기 위해 혼신의 노력을 기울였다. 예를 들면 그는 "그냥 그렇게 생각하는 것인가, 아니면 데이터 분석을 통해 알아낸 것인가?"라는 질문을 직원들에게 자주 했다고 한다. 그 앞에서 아이디어를 제시하는 직원은 누구나 이를 뒷받침하도록 데이터 분석에 입각한 증거를 제시해야 했다. 심지어 러브먼은 "우리 회사에서 해고되는 사유는 3가지다. 첫째, 절도, 둘째, 성희롱, 셋째, 근거가 되는 데이터 없이 말하는 것이다."라고 말한 것으로 유명하다. 게리 러브먼을 영입한 후 해러스의 주식은 2003년에서 2006년 사이 약 6배나 폭증했다. 2005년에는 업계 라이벌인 시저스를 인수한 뒤 기업명을 시저스 엔터테인먼트로 바꾸었다. 현재 시저스는 세계 최대의 카지노 그룹이 됐다.

해러스는 고객 데이터를 심도 있게 분석해 마케팅 실험을 실행하고 그 결과를 사용해 고객이 계속 돌아오도록 전략을 개발하고 구현해 카지노 전쟁에서 정상에 올랐다. 이 모든 전략의 중심에는 최고경영자의 솔선수범과 헌신적인 노력이 있었다.

최고경영자의 데이터 문제의식으로 혁신에 성공하다

데이터 리터러시는 문제의식을 느끼는 데서 시작된다. 문제의식으로 혁신에 성공한 한 사례를 소개하고자 한다. 여러분은 일본 맥도날드가 어떻게 탄생했는지 들어보았는가? 무역업자였던 후시다덴藤田田은 창밖을 바라보다 예전과 달라진 점을 발견했다고 한다. 사람들의 발걸음이 빨라진 것이다. 그는 출장 중에 경험했던 패스트푸드가 새로운 트렌드를 형성하리라 확신했다. 그러던 차에 바쁜 일상으로 여유가 없고 시간에 쫓기는 라이프스타일이 일본에도 확산되고 있음을 감지하고 도쿄 긴자에 맥도날드 1호점을 유치했다. 예상을 뛰어넘어 맥도날드는 일본에서 폭발적인 인기를 끌면서 미국 다음으로 많은 지점을 갖게 됐다고 한다. 데이터는 누구나 접할 수 있지만 문제의식을 느끼고 그 속에서 무엇을 읽어내는지가 중요하다는 점을 보여주는 사례였다.

4.
비즈니스 모델을 혁신하라

데이터 중심으로 사업을 전면 수정하다

앞에서 데이터 리터러시와 관련한 사례로 이야기했던 나이키는 데이터의 중요성을 빨리 간파하고 경영 전략을 바꾼 기업이기도 하다. 나이키는 2019년 아마존에서 판매를 철수하기로 했다. D2C 전략을 통해 고객과 직접 소통하고 고객의 구매량, 구매 주기, 패턴 등에 대해 데이터를 확보하기 위한 목적 때문이었다. 타사 유통망을 거치지 않고 고객을 자사 몰로 유입시켜 직접 판매하는 전략을 선택한 것이다. 나이키는 자사 몰에서만 구매 가능한 독점 제품을 출시하거나 문화 체험이나 각종 이벤트를 제공해 고객을 끌어들이고 있다.

확보된 데이터는 고객별 구매 패턴을 파악하고 구매 의사결정을 예측하는 데 활용된다. 예를 들어 5개월마다 러닝화를 교체하는 고객이 구매 후 1년이 지나도록 구입하지 않는다면 고객이 좋아할 만한 맞춤형 러닝화를 먼저 제안한다. 또 나이키 핏 서비스를 활용해 고객이 카메라로 발을 촬영하면 사이즈를 측정해 다양한 신발 유형을 추천한다. 그뿐만 아니라 데이터를 이용해 고객 발에 더 잘 맞는 신발을 디자인하기도 한다.

데이터 활용 능력으로 업의 본질을 재정의하다

1975년에 설립돼 세계 최대 패션기업이 된 자라의 사례를 보자. 놀랍게도 자라의 핵심 성공 요인도 데이터에 있다. 이 회사는 상품 단위뿐만 아니라 제품 특성별로 판매 데이터를 매일 분석하고 거의 실시간으로 디자인, 생산, 주문에 반영한다. 이를 위해 자라는 2005년부터 매사추세츠공과대학교MIT와 협업해 전 세계 매장의 판매와 재고 데이터를 분석해 최적의 분배를 할 수 있는 시스템을 개발했다. 이러한 덕분에 의류업계의 평균 제품 불량률이 17~20%인 데 비해 자라는 1%에 그친다고 한다.[4]

통상 연령별, 성별 정보 등 구매 고객에 대한 데이터는 어렵지 않게 수집할 수 있다. 하지만 패션제품은 동일 브랜드 내 상품이라고 하더라도 패턴이나 컬러 하나만 바뀌어도 가공에 있어 많은 인력과 비용이 들게 마련이다. 따라서 자라는 실시간 데이터 수집과 처리에 인공지능을 활용했다. 컴퓨터로 디자인을 끝낸 제품은 4시간 안에 재단, 봉제, 포장을 마치고 출시된다. 제품의 절반 이상을 포르투갈과 스페인 공장에서 생산함에도 매출이익률이 57%나 된다고 한다.

자라는 업의 본질을 '데이터를 활용하는 능력'으로 재정의했다.

기존 의류업체들이 브랜드 충성도와 스타 디자이너에 의존한 '흥행 사업'을 했다면 자라는 데이터를 무기로 스피드, 가성비, 고객 맞춤형으로 승부하는 공급망 비즈니스로 탈바꿈한 것이다.

데이터 활용 능력에 따라 비즈니스의 결과가 달라진다

2022년은 고물가와 고금리의 어려운 시기였다. 그런데도 영업이익률이 30%가 넘는 초우량 패션기업이 국내에도 있다. 디스커버리Discovery와 엠엘비MLB 브랜드를 보유한 의류 제조업체 에프앤에프F&F다. 에프앤에프는 국내뿐만 아니라 중국, 태국, 싱가포르 등 해외 시장에서 2022년 소비자 판매액 1조 2,000억 원을 상회하는 매출을 달성했다고 한다. 국내 패션기업이 단일 브랜드로 해외 판매액 1조 원을 넘은 것은 이번이 처음이라고 한다. 이렇게 K-패션의 세계화를 선도하는 비결은 2017년부터 시작한 디지털 전환 덕분이었다고 한다.

에프앤에프는 상품기획에서 마케팅까지 비즈니스의 전 과정을 디지털로 전환해 제품 적중률을 제고했고 재고관리의 선순환으로 성공적인 수익 구조 기반을 마련했다. 또한 엄격한 가격 정책으로 브랜드 가치를 보존했고 모든 데이터를 연결해 세계 각국의 주문, 생산, 배송을 실시간으로 처리하고 있다.

디지털 전환의 첫출발은 당연히 데이터에서 시작했다.[5] 고객 트렌드 조사와 함께 데이터 수집 시스템을 갖추고 데이터의 생성, 가공, 유통, 폐기에 이르는 전 과정을 관리한다. 특히 소비자들의 요구와 소비 패턴은 물론 검색 키워드, 요일, 날씨, 활동 커뮤니티 등 다양한 데이터를 수집하고 분석한다. 그럼으로써 향후 인기가 예상되는 제품을 선정하고 수요 예측을 통해 판매 수량을 결정하고 실현하기 위한 전사적 준비를 한다. 당연히 인공지능 기술도 적용해 분석한 데이터에서 하나의 키워드를 도출하고 이 키워드를 바탕으로 기획과 마케팅 전략을 수립한다. 즉 어떤 제품에 대한 다양한 가설과 기준을 바탕으로 빅데이터를 추출하고 판매 규모를 설정한 다음에 철저한 협업 시스템을 바탕으로 이를 달성하기 위한 커뮤니케이션과 마케팅 전략을 실행한다.

2020년 폭발적 신장을 보인 신학기 가방 출시 사례를 보자. 에프앤에프는 우선 중고생들이 가장 원하는 가방의 방향성이 무엇인가에 대한 각종 데이터를 수집했다. 데이터 분석 결과 그 핵심은 바로 '무게'라는 키워드를 발견했다. 또 '왜 가방의 무게'인지를 분석했더니 특히 신학기여서 가방이 무겁다는 의견이 많았다고 한다. 이와 같은 결론을 바탕으로 '동일한 디자인이지만 최고 가벼운 가방'으로 상품기획 방향을 수립했다. 이렇게 '가벼운 가방'이라는 프로젝트가 시작돼 초경량 백팩 '라이크 에어 백팩'이 탄생했다. 이 가방은 기존 원단보다 20% 정도 가벼운 원단을 적용해 무게를 890g으로 획기적으로 낮추었다. 또한 가방 앞 포켓에 가벼운 외투를 걸칠 수 있는 기능을 넣었다. 마케팅 역시 가방을 메고 축구도 할 수 있고 춤도 출 수도 있다는 콘텐츠를 개발했다. 반응은 폭발적이었고 전년 대비 판매액은 3배 이상을 넘어섰다고 한다.

2019년 가을에 히트한 상품 '플리스' 역시 에프앤에프의 데이터 전략이 녹아 있다. 우선 기존 '플리스' 제품에 대한 소비자들의 성향 데이터를 추출하고 분석해 '커플' '따뜻함'이라는 두 가지 키워드를 도출했다. 감성적인 키워드가 도출되면서 상품기획 단계부터 따뜻함에 초점을 맞췄다. 기존 제품은 가격대를 맞추기 위해 단면지를 활용했는데 새로운 제품은 도출된 데이터를 바탕으로 양면지를 활용하며 안감을 대폭 보강했다. 또한 '플리스'를 구매하는 고객들이 주로 '여성'이라는 데이터에 따라 커플을 겨냥한 커플룩을 주력 콘셉트로 홍보했다. 그 결과 '플리스'는 네이버 검색순위 1위에 오르며 큰 히트를 쳤다. 이렇게 축적된 데이터는 다음 시즌, 그다음 제품의 아이디어를 도출하고 히트 상품을 만드는 데 핵심적인 역할을 한다.

패션은 아직도 감에 의해 움직이는 산업으로 알려져 있다. 감은 누구나 가지고 있지만 누가 감이 더 좋은지 평가하기는 어렵다. 하지만 데이터는 다르다. 정확한 데이터를 누가 더 많이 수집해 이를 분석해 활용하느냐에 따라 비즈니스의 결과가 달라진다.

데이터가 모든 판단의 기준이다

국내 숙박 플랫폼의 대표 주자인 야놀자는 "향후 플랫폼 시장은 데이터를 활용하거나 아니면 데이터가 돼버리거나 둘 중 하나"라며 데이터의 중요성을 강조하고 있다. 특히 야놀자만의 일하는 방식인 와이코드Y-CODE를 만들어 '데이터가 모든 판단의 기준이다.'라고 명시했다. 그만큼 '데이터 중심'을 조직의 사고와 행동의 기준으로 제시하고 있다. 또 데이터에 친숙한 문화를 만들기 위해 온·오프라인 공간에서 와이코드를 꾸준히 노출하고 관련한 성공 사례를 공유하는 워크숍도 진행하고 있다.

데이터 중심 문화는 구성원이 데이터에 쉽게 접근할 수 있고 매일의 업무에서 데이터에 기반한 의사결정을 하는 데서 시작한다. 야놀자는 데이터 관련 업무를 IT 부서만으로 국한하지 않고 여러 부서에서 활용할 수 있도록 데이터 접근 권한을 넓혔다. 기획·영업·마케팅 부서에서도 직접 쿼리를 짜고 대시보드를 만들어 데이터를 분석할 수 있도록 지원하고 있다. 이렇듯 조직 전체의 데이터 리터러시를 높이고 데이터 중심 조직이 되기 위해서는 데이터를 조직의 중요한 자산으로 인식하고 전 구성원이 함께 노력해야 하는 과제로 여기는 것이 중요하다.

8장

챗GPT 리터러시도 함께 높여라

1.
챗GPT를 어떻게 활용할지
모색하라

우리가 일상에서 챗GPT에게 날씨를 물어보거나 문서 요약이나 번역 등을 요청할 때 어떻게 이해하고 답변하는 것일까? 우선 챗GPT는 자연어 이해Natural Language Understanding 기술을 사용하여 입력 문장을 이해하고 이를 컴퓨터가 이해할 수 있는 형태로 변환한다. 이어 자연어 생성Natural Language Generation 기술을 통해 컴퓨터가 이해하는 형태의 정보를 다시 자연어로 변환한다. 예를 들어 사용자가 '오늘 성수동 날씨가 어때?'라는 질문을 한다면 챗GPT는 입력된 문장을 분석하여 '오늘'이란 단어가 '날씨'와 관련이 있다는 것을 파악하고 '성수동'이란 지명은 '위치 정보'를 나타낸다는 것을 파악한다. 이러한 분석 결과를 바탕으로 '오늘 성수동의 날씨는 약간 흐리고 최저 기온은 15도이고 최고 기온은 23도입니다.'라는 답변을 생성한다. 이러한 방법으로 챗GPT는 질문에 답변하고 문서를 요약하고 번역을 하고 코딩을 하고 문서를 작성한다.

챗GPT가 나온 지 얼마 되지 않았지만 벌써 많은 사람과 기업이 그 파괴력을 인식하고 다양한 분야에서 활용을 모색하고 있다. 미국의 경우 부동산 중개업자들이 매물을 소개하는 서류 작성에 챗GPT를 사용하고 있다고 한다. 미국 배우 라이언 레이놀즈는 챗GPT에게 자신의 어투로 욕설과 농담을 섞어 광고 카피를 만들어달라고 주문했다. 실제로 이 카피를 광고에 사용했다고 한다. 2023년 1월에는 챗GPT가 직접 영화의 각본을 만들고 연출까지 해냈다. 28스퀘어드 스튜디오와 문벤처스는 챗GPT가 만든 첫 번째 영화 「세이프존The Safe Zone」을 시중에 배포했다. 챗GPT와 이미지 생성 인공지능 도구를 활용하여 초기 영화 제작에 대한 아이디어와 함께 자세한 각본을 쓰도록 했고 촬영 목록을 만들도록 했다. 또한 배우 위치, 카메라 위치, 조명, 등장인물들의 표정까지 챗GPT가 정하도록 하여 감독의 몫까지 수행했다고 한다.

이렇게 자연어 처리 분야에 활용되고 있는 챗GPT가 주로 어떤 기능을 잘 수행하는지 알아보도록 하자.[1] 첫째, 대화 생성을 잘할 수 있다. 예를 들자면 고객센터에서는 수많은 고객의 문의나 불만 사항이 접수된다. 이러한 대화 데이터를 챗GPT에 적용하여 학습시키면 자연어 생성 기능을 통해 새로운 대화를 만들어낼 수 있다. 이를 활용하여 고객센터에서 자주 나오는 질문이나 불만 사항을 파악하고 이에 대한 자동응답 시스템을 구축할 수 있다. 또한 챗GPT는 감정 분석 기능도 제공하므로 고객의 불만 사항이나 요구 사항을 파악하여 고객 만족도를 높이는 전략을 수립할 수 있다. 둘째, 문서를 분석하고 요약할 수 있다. 예를 들어 온라인상의 방대한 고객 리뷰

데이터를 분석하여 요약할 수 있다. 챗GPT를 이용해 이러한 텍스트 데이터를 분석하면 고객들이 상품이나 서비스에 대해 어떤 평가를 하는지, 그들이 주로 사용하는 용어나 표현들은 무엇인지 요약하여 파악할 수 있다. 또한 각종 재무 보고서, 분석 기사 등의 전문가 문서들도 이슈를 파악하기 쉽게 요약하고 분류하여 시사점을 잘 찾을 수 있다. 셋째, 간단한 코드를 생성하여 업무 효율을 향상할 수 있다. 챗GPT는 자연어를 SQL, 파이썬Python, 자바Java, C++ 등으로 변환하여 코드를 작성할 수 있다. 개발자들은 코드를 직접 작성하는 시간을 절약하고 초보자들은 쉽게 코드를 생성할 수 있다. 넷째, 각종 검색을 쉽게 해준다. 챗GPT를 활용하여 규정·법규 검색 시스템을 구축하면 검색어를 입력하여 빠르고 정확하게 찾을 수 있다. 또한 회사 정책과 복리후생에 대한 정보를 직원들이 쉽게 찾을 수 있도록 챗GPT가 도와줄 수 있다.

기업은 이러한 다양한 기능을 바탕으로 채팅 기반 고객 서비스, 맞춤형 추천, 가상 어시스턴트, 채팅 기반 커머스, 교육 등에 활용할 수 있다. 독자 여러분도 챗GPT를 적용하여 시간을 절약하고 업무를 간소화하거나 고객경험을 개선하고 경쟁 우위를 확보할 수 있는 영역이 무엇인지 찾아보기를 바란다.

2.
챗GPT 활용 역량이
기업의 미래를 책임진다

1990년 월드와이드웹www이 발표되어 배포되기 시작한 이후 1993년 이용자에게 편리한 브라우저가 보급되어 인터넷이 우리의 생활을 혁명적으로 바꾸었다. 스마트폰 혁명은 2007년 애플이 역사적인 스마트폰을 내놓은 것을 시발로 2010년 삼성이 갤럭시를 발표하여 세계 시장으로 확산되었다. 이렇듯 인터넷과 스마트폰은 접근성과 효용성을 앞세워 일상에 빠르게 침투할 수 있었다. 챗GPT의 전파 속도도 만만해 보이지 않는다. 투자은행 UBS는 "인터넷 등장 이후 20년 동안 이렇게 빠른 성장률은 처음"이라고 밝혔다.

챗GPT의 빠른 확산으로 다양한 산업 분야에서 기술의 혜택을 받을 수 있지만 가장 많은 활용이 예상되는 몇 가지 산업 분야를 꼽아보고자 한다. 먼저 전자상거래 분야다. 전자상거래 회사는 챗GPT를 사용하여 고객 문의에 답변하고 고객 지원을 제공하며 맞춤형 제품을 추천할 수 있다. 이를 통해 매출을 늘리고 고객 유지율을 향상하는 데 도움을 줄 수 있다. 예를 들어 온라인 몰의 인공지능 직원은 고객이 오프라인 상점에서 쇼핑하도록 돕고 고객의 선호도에 따라 제품을 추천할 수 있다. 인공지능 시장 조사 도우미를 통해 보다 빠르고 효율적으로 중요한 고객 데이터를 수집할 수 있다.

의료 분야는 챗GPT를 사용하여 건강 상태에 관한 질문에 답변하고 의료 조언과 예약 스케줄링을 지원할 수 있다. 예를 들어 병원 챗GPT, 심리 클리닉 인공지능 보조치료사, 치료상담사 챗GPT, 헬스케어 챗GPT 등을 활용하면 대기 시간을 줄이며 의료 조언에 대한 접근성을 향상할 수 있다.

금융 분야도 챗GPT가 활성화될 전망이다. 금융 서비스 회사는 챗GPT를 사용하여 고객 문의에 대해 답변하고 맞춤형 금융 조언을 제공할 수 있다. 특히 고객센터의 경우 요즘 ARS가 작동되면 짜증을 내는 고객들이 많다. 민원 발생 우려가 없는 간단한 자동응답 기능은 챗GPT가 대체할 가능성이 크다. 아울러 간단한 금융상품의 설명과 추천 등도 챗GPT 텔러가 대신할 수 있다. 챗GPT는 금융 서비스 회사가 전반적인 고객경험을 개선하고 경비를 절감하는 데 도움을 줄 것으로 보인다.

여행·숙박 분야도 챗GPT를 사용하여 연중무휴로 고객 문의에 대해 답변하고 맞춤형 여행을 추천할 수 있다. 예를 들어 출장을 가게 되어 비행기를 경유할 경우 잠시 둘러볼 장소와 예상 비용 등을 챗GPT에게 물어 답변을 얻을 수 있다.

교육 분야 역시 챗GPT를 사용하여 학생의 질문에 답변하며 과목 선택을 지원하고 학문적 조언을 제공할 수 있다. 예를 들어 온라인 학습 플랫폼에 인공지능 챗봇을 구현하면 방문자의 학습 상담에 도움을 줄 수 있으며 챗GPT 번역기를 통해 새로운 언어로 소통할 수 있도록 지원할 수 있다.

이외에도 HR 분야에서는 채용 챗GPT, 인공지능 인터뷰 코치, 인공지능 HR 도우미 등을 도입하여 구직, 인터뷰, HR 단순 안내 등을 지원하는 솔루션을 만들 수 있다.[2] 또한 소셜 미디어용 챗GPT를 활성화하여 소셜 미디어에서 고객과 소통하고 블로그에 대화 프롬프트를 제공하여 고객 참여를 유도할 수 있다. 특히 법률 시장에는 판례나 관련 법률을 찾는 데 많은 시간과 비용이 소요되는데 챗GPT가 큰 역할을 할 것으로 보인다.

그렇다면 챗GPT 돌풍으로 미래 산업 지형이나 비즈니스 모델은 어떻게 변화할까? 솔트룩스 이경일 대표는 챗GPT의 폭발적 사용으로 최근 20년간 발생한 '인터넷 혁명'과 '스마트폰 혁명'에 버금가는 '인공지능 혁명'이 시작될 것으로 예측한다.[3] 그는 매 14년 만에 다가오는 이 혁명은 초기에는 비용을 절감하는 방식에서 시작하여 새로운 수요를 창출하고 과거에는 없던 혁신적 비즈니스 모델로 진화하는 단계를 거친다고 한다. 아마존이 온라인 유통에서 시작하여 아마존웹서비스라는 클라우드 서비스(이익의 51%)로, 구글이 검색에서 광고(이익의 77%)로, 우버와 테슬라도 월 일정액을 내는 구독 서비스로 비즈니스 모델로 진화했다. 이렇듯 챗GPT를 필두로 한 생성형 인공지능도 그렇게 발전하리라는 것이다.

이 대표의 전망에 따르면 우선 초기에는 다양한 분야의 검색 시장에 진입하고 구독 서비스를 시작하고 광고 시장에 진입할 것이라고 한다. 중기적으로는 책이나 영상 등을 통한 PPL 광고, 금융 상품이나 여행지 추천 등을 통한 수수료 수입, 각종 결과물에 대한 저작권 수입으로 사업이 확대될 것이라고 한다. 장기적으로는 게임과 같이 코인을 받는다든지 투자 성과가 좋은 인공지능 등을 사고파는 인공지능 시장이 만들어질 것으로 내다봤다. 챗GPT를 필두로 한 생성형 인공지능 기술 발달로 우리 일상이나 비즈니스가 다시 한번 크게 요동칠 것으로 보인다.

이제 챗GPT를 포함한 생성형 인공지능을 어떻게 전략적으로 잘 활용하느냐에 따라 미래 개인과 조직의 성패가 달려 있다.

3.
챗GPT를 넘어 미래 생성형
인공지능에 대비하라

  시리 혹은 알렉사와 같은 음성 비서가 가족의 생일 선물을 구매하고 휴가를 계획한다. 인공지능이 전문 작가보다 더 나은 줄거리를 만들고 전문 아티스트보다 더 나은 콘텐츠를 만든다. 그리고 인공지능이 영화, 비디오 게임 등을 사람의 감독 없이 완성한다. 먼 미래 얘기가 아니다. 기술 작가인 새뮤얼 그린가드Samuel Greengard는 생성형 인공지능의 비약적 발전으로 몇 년 안에 이러한 일들이 실제로 가능할 것으로 전망한다.[4]

  미국 스탠퍼드대학교 인간중심인공지능연구소HAI 소속 교수들도 생성형 인공지능 모델이 전체 산업과 우리 삶에 미치는 영향이 매우 클 것이라고 주장했다.[5] 그리고 이러한 기술을 통해 인간의 노동력은 보다 완벽해질 수 있으며 우리 삶이 더 생산적이고 창의적으로 발전할 것이라고 덧붙였다. 한국산업기술진흥원KIAT에서 발표한 「챗GPT, 생성형 AI가 가져올 산업의 변화」 자료에서도 우리 사회가 인공지능 연구개발R&D 시대에서 응용의 시대로 전환될 것으로 예상했다.[6] 생성형 인공지능 모델이 여러 업무에 활용되어 전체 산업 기반으로 확장되리라는 것이다. 특히 분석, 텍스트나 이미지 생성, 음성 합성, 3D 모델링, 자동화 운영 등 다양한 기능으로 기술이 응용될 것으로 내다보았다.

이러한 전망과 같이 챗GPT에 이어 생성형 인공지능 기술이 이미지, 음악, 영상, 게임 등 다양한 콘텐츠 산업에서 혁신적 결과물을 만들어내는 것도 시간문제일 것 같다. 여러 가지 콘텐츠 중에서 이미지, 음성, 소프트웨어, 게임 분야의 대표적인 생성형 인공지능을 간단히 소개한다.[4]

이미지 콘텐츠를 생성하는 인공지능으로는 달리DALL-E, 미드저니Midjourney, 스테이블디퓨전Stable Diffusion 등이 있다. 이 도구들은 단어를 입력하면 이미지를 생성한다. 예를 들어 고흐 스타일의 와인 바에 앉아 있는 여성의 이미지를 요청하면 고흐가 직접 그린 것 같은 이미지를 생성한다. 마찬가지로 '중세적인 타임스퀘어 광장'이라는 단어를 입력하면 실제 장소는 아니지만 매우 사실적으로 보이는 이미지를 만들어낸다.

오디오와 음악을 생성하는 인공지능은 앰퍼 뮤직Amper Music, 아이바Aiva, 구글 마젠타Google Magenta, 뮤즈넷MuseNet 등이 있다. 사용자가 원하는 장르, 아티스트를 요청하면 인공지능이 여러 악기의 사실적인 사운드로 오리지널 음악을 생성한다. 최근에는 짧은 음성이나 음악을 들려주면 뒷부분을 자연스럽게 이어서 완성하는 인공지능도 등장했다.

생성형 인공지능은 소프트웨어 개발 분야에서 급성장하고 있다. 현재 깃허브GitHub의 코파일럿CoPilot과 아마존의 코드위스퍼러 CodeWhisperer와 같은 플랫폼은 자연어 기반 로우Low코드와 노코드 플랫폼을 소개하고 있다. 생성형 인공지능을 사용하여 소프트웨어 개발자가 플랫폼에 요청사항을 입력하면 R, 파이썬, 자바 또는 기타 언어로 된 실제 소프트웨어 코드를 볼 수 있다.

게임을 개발하는 생성형 인공지능도 유망할 것으로 보인다. 생성형 인공지능에 아이디어와 개념을 제공하도록 요청하여 주제를 탐색하고 새롭고 다양한 객체를 개발할 수 있다. 또한 스토리와 게임 개발, 디자인은 물론 제품이나 운영 방법의 오류도 수정할 수 있다.

현재 개발된 인공지능은 텍스트, 이미지, 음성, 동영상, 코딩과 같이 대부분 한 가지 일만 잘하게 훈련되어 있다. 하지만 인간이 텍스트만으로 세상을 이해하지 않듯이 머지않은 미래에 생성형 인공지능도 흩어진 기능이 점차 통합되는 방향multi modality으로 개발될 것이다. 챗GPT가 워드, 엑셀, 파워포인트와 연결되어 사용자에게 편리함을 제공하는 것처럼 생성형 인공지능이 글쓰기 외에도 다양한 이미지를 학습해 창의적으로 디자인을 하고 간단한 텍스트를 영상으로 만들어내는 방식으로 진화할 것이다.

이렇게 생성형 인공지능이 발전하여 인간의 능력을 넘게 되면 직무와 역할이 크게 변화할 것이다. 배워서 혼자 할 수 있는 것들은 주로 인공지능으로 대체되고 혼자서 할 수 있는 지적 노동은 인공지능을 도구로 쓰게 될 것이다. 전략, 창의력, 상대방과의 공감이 필요한 직업들은 인공지능과의 협업을 통해 공존하게 될 것이다.

생성형 인공지능의 촉발로 인공지능이 전체 인류의 지능을 뛰어넘는 특이점singularity이 올지는 아직 불투명하다. 하지만 인공신경망과 그래픽 처리장치GPU가 계속 발전하고 인공지능 알고리즘이 더욱 정교해짐에 따라 생성형 인공지능은 앞으로 더욱 진화될 것이다. 그리고 이러한 혁신적 기술이 우리가 사는 세상을 크게 변화시킬 것이 분명하다.

## 3부

개인의 데이터 분석
역량을 기르자

9장

목적과 문제해결을 먼저
생각하라

1.
목적은 분명히 하고 문제는
구체적으로 정의하라

| 데이터 분석 기획 | 데이터 수집·관리 | 데이터 분석 | 데이터 시각화 |

목적을 명확히 하기

데이터를 분석할 때 정확한 의미부터 알아야 한다. 데이터 분석은 원시 데이터를 정리, 변환, 처리해 유용한 통찰력으로 바꾸는 것을 말한다.[1] 당연히 데이터 분석의 목적은 데이터에서 알고 싶은 정보를 얻기 위한 것이다. 앞서 설명한 바와 같이 데이터 그 자체로는 문자나 숫자 등의 집합일 뿐이므로 정보를 더 쉽게 얻을 수 있도록 가공해야 한다. 이후 특이성, 규칙성, 상관관계나 인과관계 등을 찾아냄으로써 데이터가 의미를 갖게 된다.

이와 같이 데이터 분석은 추세를 식별하거나 예측하고 패턴과 상관관계나 인과관계를 파악해 복잡한 문제에 대한 솔루션을 찾는 것이다. 현장에서 보면 작게는 '이번 달 판매 실적이나 민원 발생 현황을 분석하는 것'에서부터 전문 분석팀이 '타깃 고객층을 찾아 특정 프로모션을 추진하는 것' 등이 다 데이터 분석이다.

그렇다면 현장에서는 주로 어떤 목적으로 데이터 분석을 할까? 첫째, 고객을 이해하고 타깃팅하기 위해서다. 경쟁사와 비교 분석해 제품과 서비스를 개선하기도 하고 제품과 서비스에 가장 적합한 타깃 고객층을 찾아내기도 한다. 이를 통해 수익성이 강화된 효과적인 가격 전략을 세우고 보다 타깃이 분명한 캠페인을 진행할 수 있다. 나아가 잠재 고객에게 효과적으로 도달하기 위해 적합한 광고와 콘텐츠 방안도 찾아낼 수 있다. 결국 제품과 서비스에 적합한 고객을 이해해 전체 비즈니스 전략을 바꾸는 데 데이터 분석이 크게 기여하는 것이다.

둘째, 데이터 분석을 통해 성공과 성과를 측정하기 위해서다. 우리 회사의 상품이 다른 회사 상품과 비교해 시장에서 얼마나 잘 팔리는지 측정할 수 있고 가장 잘 판매한 조직이나 판매인의 특징도 찾아낼 수 있다. 또한 데이터 분석을 통해 더 집중해야 할 상품과 덜 집중해야 할 상품에 대해 아이디어를 얻고 문제가 발생할 수 있는 영역을 사전 예측할 수 있다.

셋째, 각종 문제해결에 데이터 분석을 활용한다. 각종 비용 분석을 통해 경비를 절감하는 우선순위를 찾을 수 있고 신규 매장 위치를 선정하는 등 더 나은 의사결정으로 문제를 해결할 수 있다. 관련성 있는 정확한 데이터를 기반으로 분석하면 더 나은 통찰력으로 문제를 해결할 수 있다.

데이터 분석에 대해 어느 정도 감을 잡았으면 데이터 분석 기획에 대해 알아보자. 데이터 분석 기획이란 실제 분석을 수행하기에 앞서 분석을 수행할 과제를 정의하고 의도한 결과가 도출되도록 적절하게 관리하는 방안을 사전에 계획하는 일련의 작업이다. 통상 분석 기획은 분석 질문을 먼저 정의하고 사전 분석하는 데 필요한 데이터가 무엇인지 등을 정의하는 방식을 말한다. 데이터를 다루기에 앞서 질문을 먼저 하는 방식, 즉 '질문 먼저' 방식을 통해 의사결정을 위한 분석 기회를 발굴하고 질문을 구체화해 필요한 분석과 데이터를 정의하는 접근 방식이다. 우리는 가끔 상사의 지시가 떨어지면 데이터 수집부터 시작한다. 그 이전에 데이터 분석을 수행하는 실제 이유나 목적에 대해서는 깊이 생각하지 않는 경향이 있다. 어떤 문제를 해결하려는지? 나는 무엇을 알고 싶은지? 왜 데이터 분석이 필요한지? 이 데이터 분석의 목적은 무엇인지? 등의 구체적인 질문을 던져야 한다.

그다음에는 명확한 목표를 설정하는 것이 중요하다. 우리가 데이터 분석을 할 때는 명확한 목적이 있게 마련이다. 판매 실적을 올리기 위해, 고객만족도를 올리기 위해, 고객층을 타깃팅하기 위해, 올해 주력상품을 선정하기 위해, 민원을 줄이기 위해 등등. 그러나 이러한 목적과 수집할 데이터를 바로 연결하기가 쉽지 않을 것이다. 이러한 경우에는 하고자 하는 몇 가지의 목적을 적어놓고 상위 목적과 하위 목적으로 분류해보면 갈 길이 좀 더 명확해진다.

판매 실적을 올리기 위해, 주력상품을 선정하기 위해, 고객층을 타깃팅하기 위해라는 여러 목적이 있다면 판매 실적을 올리기 위해서가 상위 목적이 되고 나머지 두 개가 하위 목적이 될 수 있다. 모든 목적을 다 달성할 수 없으니 하위 목적 중에서 상위 목적도 달성할 수 있는 하나를 선택해 집중하는 것이 필요하다. 판매 실적을 올리기 위해서라면 주력 고객층을 타깃팅하는 것을 핵심 목적으로 잡고 분석을 시작하는 것이 좋겠다. 이렇듯 목표 설정 단계에서는 비즈니스 목표에 대한 이해와 통찰력이 중요하다. 명확한 목표가 설정됐으면 분석에 필요한 것이 무엇인지, 어떤 종류의 데이터가 필요한지, 추적하고 측정하려는 데이터가 무엇인지 파악하고 난 뒤에 해결하려는 문제를 생각하는 것이 좋다.

문제 정의하기

질문을 하고 명확한 목표를 설정했다면 그다음으로는 문제를 정의해야 한다. 데이터 분석 기획에서 가장 중요하지만 가장 어렵기도 한 단계다. 우리가 풀어야 할 문제는 분석의 목적이면서 대상이기도 하다. 따라서 문제가 제대로 정의되지 않으면 분석 목표가 불명확해지고 분석 과정 내내 왔다 갔다 혼선을 빚다가 성과를 못 내고 끝나버리는 경우가 많다. 알베르트 아인슈타인은 "만약 나에게 문제해결을 위해 한 시간이 주어진다면 55분 동안 문제를 정의하고 5분 동안 문제를 해결하겠다."라는 말을 했다고 한다. 그만큼 문제를 해결하기에 앞서 명확히 문제를 정의하는 과정이 중요하다는 얘기다.

데이터를 통해 문제를 해결하려고 하는 경우에도 마찬가지다. 문제를 정확하게 정의하지 않으면 나침반 없이 사막을 횡단하는 것과 같다. 예를 들어 한 임원이 직원들에게 '생산성을 높일 방법'을 브레인스토밍하라고 한다면 모두 멍하게 쳐다만 보지 않을까? 하지만 문제를 명확하게 정의해 '작업을 더 쉽게 만드는 방법'으로 바꾸어 토론하자고 한다면 엄청난 건의 사항이 쏟아질 것이다. 또 하나의 예를 들자면 솔루션 판매회사는 '영업 인력 부족으로 영업이 잘 안 되고 있다.'라고 모호하게 문제를 정의하기보다는 '고객사로부터 주문이 줄어들었다.'라고 문제를 정의하는 것이 명확하다. 더 나아가 고객 상담이 부실하다든지 상품의 가격이 비싸졌다든지 다양한 원인을 찾아 구체적으로 문제를 정의하는 것이 좋다.

왜 데이터 분석을 하는가? 현상이나 사실에 대한 불완전한 이해를 데이터를 통해 해결하기 위해서다. 그 과정에서 처음에는 생각하지 못했던 변수가 발생하는 일이 많으므로 유연하게 대응하는 자세가 필요하다. 따라서 문제 정의도 한 번만 하고 끝내는 것이 아니라 문제해결 과정에서 지속적으로 다시 검토해야 한다. 문제를 정확하게 정의하면 해결해야 할 과제의 목표, 범위, 조건 등을 정확히 이해할 수 있고 프로세스마다 의사결정을 내릴 때 귀중한 길잡이가 된다. 아울러 조직 단위로 일할 때는 문제와 관련해 오해의 소지가 없도록 의사소통에서도 중요한 역할을 한다.

데이터 분석에서 '문제 정의'의 모범을 보인 넷플릭스의 사례를 보자. 넷플릭스가 DVD를 우편으로 보내는 사업을 할 때였다. 2006년 넷플릭스는 '넷플릭스 프라이즈'라는 현상 공모에 100만 달러의 상금을 걸었다. 상금은 고객들이 이전에 본 영화에 매긴 평점을 바탕으로 다음에 어떤 영화를 선택할지를 예측하는 데 최적화된 알고리즘을 만드는 팀에게 돌아갈 것이었다. 2009년 9월 우승은 넷플릭스 자체 알고리즘보다 10.06% 개선된 성능을 보인 벨코의 프로그매틱 카오스팀이 차지했고 상금으로 100만 달러를 받았다. 그들의 아이디어는 나중에 알고리즘이 수정되고 보완됐음에도 불구하고 여전히 '추천 엔진'의 핵심 요소로 자리 잡고 있다. 이 사례를 든 이유는 넷플릭스 프라이즈의 룰이 문제 정의에서 모범 답안이라고 할 만큼 잘 정리돼 있기 때문이다.

넷플릭스는 대회와 관련한 데이터 문제의 모든 측면을 최대한 상세하고 구체적으로 정의해 공개했다. 이런 노력 덕분에 2,000여 명이 약 1만 4,000개의 예측 모델을 개발한 대규모의 경연을 성공적으로 끝낼 수 있었다.

효과적인 문제 정의는 문제의 목표는 무엇인가? 문제의 범위는 정확하게 어디까지인가? 문제해결의 성공 또는 실패 기준은 무엇인가? 시간과 비용 등 문제해결에 있어서 제약 조건은 무엇인가? 등이 포함돼야 한다.

2.
데이터 분석의 길라잡이 가설을
제대로 세워라

　해결해야 할 과제의 목표와 문제를 정의했다면 그다음으로 가설을 세워 예상 산출물을 어렴풋이 그려볼 필요가 있다. 분석 업무를 하다 보면 종종 '분석을 위한 분석'을 하게 된다. 그런데 분석의 기본은 수립한 가설과 근거들이 맞는지 틀리는지 검증하는 것이 핵심이다. 영어로 가설hypothesis은 '아직 증명되지 않은 이론'이라 한다. 『국어사전』에 보면 가설假說은 '어떤 사실을 설명하거나 어떤 이론 체계를 연역하기 위해 설정한 가정' 또는 '사회 조사나 연구에서 주어진 연구 문제에 대한 예측적 해답'으로 정의하고 있다. 여기서 주의할 점은 가설이라고 해서 개연성을 떠나 아무런 과학적 근거도 없이 자의적으로 꾸며내는 억측과는 다르다는 점이다. 가설은 과학적 자료들에 근거해 논리적으로 유추해 세운 것이므로 관찰이나 실험에 따라 검증되면 일정한 한계 안에서 타당한 진리가 된다.

그렇다면 가설은 왜 중요한 걸까? 가설은 정확할 필요는 없지만 예상 결과를 예측해 분석하고 검증하는 단계를 거친다. 그러므로 프로젝트 기간 내내 길라잡이 역할을 하고 지속적인 사고思考를 이끌게 된다. 또한 문제 정의 때와 같이 가설이 올바르지 못하면 엉뚱한 데이터를 수집하고 분석하게 돼 상당한 자원을 낭비할뿐더러 문제도 해결하지 못하게 된다.

다시 한번 나이팅게일 사례를 보자. 나이팅게일은 1854년 크림 전쟁의 참상에 자극돼 자원봉사자 38명과 함께 터키로 갔다. 그해 겨울 환자의 사망률은 42%에 달했다. 당시는 질병의 원인균이 발견되기 전이었고 현대의 간호학 역시 존재하지 않았다. 그녀는 참고할 자료가 전혀 없었는데도 '사망률이 이렇게 높은 것은 전장에서 입은 부상 때문이 아니라 병원의 더러운 위생 상태, 악취, 지저분한 환경 때문이야.'라고 가설을 생각했다. 사망률이 높은 문제에 대해 다양한 현상 간에 어떠한 관계가 있을 것이라고 논리적으로 추측한 것이다. 그리고 입원, 치료, 질병, 사망 원인 등을 기록하고 병실을 청소하고 뜨거운 물이 나오는 세탁실을 만들었다. 그녀가 도착하고 6개월이 지나자 환자의 사망률이 급격히 떨어지기 시작했다. 이렇게 자료가 부족한 상태에서도 올바른 가설을 세움으로써 정확한 데이터를 찾고 분석해 문제를 해결한 것이다.

그렇다면 올바른 가설을 수립하기 위해서는 어떻게 해야 할까? 세 가지를 생각해볼 필요가 있다. 첫째, 가설을 수립할 때는 반드시 사실에 기반을 두어야 하고 사실을 토대로 가설이 맞는지 틀리는지를 검증해야 한다. 누구나 다 동의할 수 있는 내용이기는 하지만 새삼 강조하는 것은 사실만큼 강력하고 효과적인 것이 없기 때문이다. 예를 들어 누군가 우리 회사 상품 인력들의 개발 역량이 미흡하다고 주장한다면 임원은 도대체 무슨 근거로 그런 주장을 하느냐고 즉각 반발할 것이다. 하지만 사실에 근거한 가설을 세우고 경쟁사와 비교한 개발 인력의 평균 경력, 인당 개발 건수 등을 근거로 제시한다면 상황이 달라질 것이다. 해당 임원은 '진짜 그렇구나! 어떻게 개선해야 하지?'라고 고민할 것이다. 이렇게 사실에 기반을 둔 가설을 세우고 그 사실을 제시하면 더 이상 가설이 아니라 점점 탄탄한 주장이 되고 결론을 끌어내며 사람들을 움직인다.

둘째, 가설은 결론에 대한 것이기보다는 과정에 대한 것이어야 한다.[2] 어떤 데이터를 먼저 볼 것인지에 대한 궁금증에서 시작해 그 데이터를 보다 보니 다른 것이 궁금해지는 꼬리에 꼬리를 무는 가설이 더 강력하다. 가령 '우리 회사 주력상품이 올해 들어 잘 팔리지 않는다'에 대한 데이터 분석을 한다고 하자. 통상 '경쟁사에서 새로운 상품을 내놓았다.' '코로나19 때문이다.' '판매 수수료가 줄어서 그렇다.' 등의 결과와 관련된 직접적 가설을 세우기가 쉽다.

하지만 하나의 작은 궁금증으로부터 시작해 보는 것이 좋다. '고객들이 생각하는 경쟁 상품들은 어떤 것들이 있을까?' '상품 선호도는 성별이나 연령대별로 얼마나 다를까?' '수수료는 판매인 경력별로 어떻게 책정돼 있을까?' '최근 판매 실적이 크게 떨어진 조직과 판매인이 있을 거야.' 등 '꼭 그럴 것이다'만이 가설이 아니라 '그렇지 않을까?'를 통해 여러 번 물어보는 게 좋은 가설이다. 데이터 분석에 성공하려면 수많은 데이터를 쪼개고 합치는 과정에서 현상을 정의하고 그 원인을 파악하며 효과나 전망을 제시해야 해서 바로 결론을 예측하지 않아야 한다.

마지막으로 분석해야 하는 문제의 본질을 여러 관점에서 접근할 줄 알아야 한다. 가설을 남들보다 빨리 잘 세우려면 시장 구조 전반을 이해하고 들여다보며 구체적으로 빈 곳을 찾아보는 습관을 길러야 한다. 그러기 위해 평소 시장 환경, 시장 구조, 경쟁 환경, 브랜드 파워, 판매 제품, 소비자 행태 등 마케팅의 많은 분야에 관심을 가지는 것이 도움된다. 가설을 수립하는 방법에는 정답이 없으며 개인의 경험과 상상력, 시행착오를 기반으로 노하우가 생긴다. 되도록 더 많은 데이터를 살펴보고 더 많은 가설을 직접 수립해보는 것이 좋다.

3.
데이터 분석 기획을 위한
계획을 수립하라

데이터 분석 기획이란 어떠한 목표What를 달성하기 위해Why 어떠한 데이터를 가지고 어떤 방식How으로 수행할 것인가에 대한 일련의 계획을 수립하는 것을 말한다. 또한 데이터 분석을 하기 전에 얻으려는 목적과 예상 결과에 대해 생각해보고 데이터 분석 방법을 정하는 것이다.

분석할 때는 분석해야 할 주제가 어떤 유형인가를 알아야 한다. 분석 방법은 분석해야 할 대상과 방법에 따라 4가지 유형으로 구분할 수 있다. 첫째, 이미 문제를 알고 있거나 이미 사용하는 방법이 있다면 '최적화 유형'을 활용하는 것이 좋다. 최적화는 주로 불필요한 부분을 제거하는 것을 목표로 한다. 예를 들어 수영 선수가 기록을 단축하기 위해 매일 컨디션 조절과 연습을 통해 최고의 성과를 내도록 최적의 상태를 찾는 것과 유사하다. 둘째, 분석 대상이 명확하지 않지만 여러 가지 분석 방법을 알고 있는 경우에는

'통찰 유형'을 활용한다. 브레인스토밍, 디자인싱킹 등과 같은 방법을 통해 수많은 시도와 다양한 분석 방법을 활용해 새로운 분석 대상을 도출하는 것이다. 셋째, '솔루션 유형'은 분석 대상은 있지만 분석 방법이 없는 주제에 활용된다. 예를 들어 마케팅 부서가 항상 새로운 마케팅 방안에 대해 솔루션을 고민하는 것처럼 더 효율적이고 정확한 분석 기법들을 찾는 경우다. 넷째, '발견 유형'은 분석 대상과 분석 방법이 알려지지 않은 경우다. 다른 데이터를 분석하다가 발견되는 등 많은 시행착오와 융합 과정에서 만들어진다고 볼 수 있다.

분석 방법은 또한 목표 기간에 따라 달라진다. 단기적 접근은 당면 과제를 빠르게 해결하기 위해 과제를 단기로 추진하고 달성하는 퀵윈 방식으로 분석한다. 중장기적 접근은 지속적인 분석 문화를 뿌리내리기 위해 전사적으로 장기적 관점에서 과제를 도출한다. 데이터 분석 기획을 할 때는 이 둘을 융합적으로 적용해 마스터플랜을 수립하고 장기적 관점에서 접근하는 것이 바람직하다. 예컨대 판매인력의 퇴사율을 개선하는 과제라면 입사 1년 미만 직원을 대상으로 퀵윈 과제를 설정해 단기적으로 인센티브를 강화하고 수수료율, 복리후생 체계, 조직문화 등의 과제는 중장기적 계획을 세워 추진하는 방법이다.

분석 기획을 할 때는 다음의 요소들도 고려돼야 한다. 우선 사용 가능한 데이터를 확인해야 한다. 데이터 유형에 따라 적용 가능한 솔루션이나 분석 방법이 달라지기 때문에 데이터 확보 가능 여부와 데이터 유형 등을 미리 알아봐야 한다. 둘째, 적합한 사례를 찾아봐야 한다. 기존에 분석돼 잘 활용되고 있는 유사 솔루션이나 분석 시나리오가 있다면 이를 최대한 활용하는 것이 좋다. 셋째, 소요될 시간이나 비용 요소도 당연히 고려해야 한다. 분석 정확도를 높이기 위해서는 시간과 투입 자원이 증가에 따른 비용 증가를 충분히 고려해야 하고 분석 결과가 실제 환경에서도 문제없이 적용될 수 있도록 미리 생각해야 한다. 넷째, 분석 기획을 할 때 필요 역량을 점검해야 한다. 분석 기획을 위한 기본적인 소양, 프로젝트 관리 역량, 리더십 등을 점검하고 데이터 분석에 필요한 모델이나 분석 도구 등이 어느 수준까지 필요한지를 파악해야 한다. 마지막으로 구성원들과의 소통이 정말 중요하다. 실제 데이터 분석을 하고 결과가 나와서 실행하는 것은 현업 직원들의 몫이다. 따라서 문제 정의에 대해 사전에 구성원들의 공감대를 얻을 수 있어야 하고 문제의 필요성을 이해시켜야 한다. 이래야만 해결방안에 대해서도 의견을 들을 수 있다. 또한 소통 과정에서 당연히 의사결정권자를 포함시켜야 프로젝트의 성공에 도움을 받을 수 있다.

이러한 요소들이 모두 고려된 상태에서 과제 추진에 따른 예산안을 수립하고 프로젝트 범위, 예산, 품질, 일정, 보안 대책 등에 대한 주요 내용과 의사결정 사항을 문서화해 프로젝트 관리 계획을 수립해야 한다.

4.
데이터 안에는 답이 없다는
것을 명심하라

종종 현장에서는 "데이터를 분석했는데 맞는지 잘 모르겠다." "데이터에서 뭔가 의미 있는 아웃풋을 뽑지 못하겠다." 등의 문제뿐만 아니라 틀렸는데도 "올바른 결론을 도출했다."라고 잘못 판단하는 심각한 상황까지 발생하기도 한다. 심지어는 며칠을 고생한 끝에 데이터를 분석해 상사에게 결과를 보고했는데 "다 아는 이야기 아닌가요?"라는 피드백을 들으면 기운이 빠지고 좌절하게 된다. 많은 사람이 '내가 분석하는 방법이 틀렸나?' 또는 '아직 내 분석 역량이 부족한가?'라며 주로 분석하는 '방법론'에 문제가 있다고 생각한다.

하지만 현업에서 '데이터 분석을 하더라도 기대만큼 성과가 나타나지 않는다.'라는 고민은 주로 세 가지 문제에서 생긴다. 첫째, 먼저 데이터부터 다루려고 하는 경향이 있는 것 같다. 이런 경우 대부분 분석에 착수하게 되면 우선 여기저기 관련된 데이터를 끌어모아 엑셀이나 파이썬 등의 분석 도구를 돌려보고 그래프 등을 만들어 뭔가 시사점을 찾으려고 노력한다. '데이터를 만지다 보면 뭔가 나올 거야.'라는 생각 때문이다. 하지만 이것은 데이터 분석 과정에서 하나의 방법일 뿐이다. 정작 우리가 데이터를 활용해 문제를 해결하고자 할 때 이러한 사고방식이 가장 큰 실패의 원인이 된다.

둘째, 앞에서도 얘기했듯이 해결하고자 하는 문제가 정확하게 정의되지 않은 경우도 많은 것 같다. 예를 들어 고객센터 상담원의 이직 문제를 데이터로 분석한다고 하자. 이런 경우도 구체적으로 어떤 부분을 분석하고 싶은지, 어떤 계층의 이직 문제를 해결하려고 하는지 등을 고민하는 것이 중요하다. 따라서 '신입 상담원들의 3개월 내 퇴사율을 낮춘다.' 또는 '육아로 인한 젊은 기혼 상담원들의 퇴사 문제를 해결한다.' 등과 같이 문제를 구체적으로 정의할 필요가 있다. 즉 어떤 상담원들이 어떤 종류의 곤란에 빠져 문제가 발생한 것인지를 구체적으로 명확하게 생각해야 한다. 이러한 고민 없이 얻기 쉬운 데이터를 모아서 그래프를 그린다면 해결방안이 나오기 어렵다.

셋째, 사용하는 데이터와 정의한 문제가 서로 일치하지 않는 경우도 많이 볼 수 있다. 문제 정의는 '고객 민원 감축이 잘 안 되고 있다.'라고 해놓고 분석하는 지표는 '민원 건수'만을 본다면 적절한 지표일까? '감축이 잘 안 된다.'라는 문제에 대한 지표는 '민원 건수'보다 민원 건수 중 감축 건수의 비율을 구하는 '민원 감축률'이 더 타당할 것으로 보인다. '고객만족도CSI 향상'을 문제 정의라고

데이터 중심 사고방식과 목적 중심 사고방식 차이

데이터 중심 사고

| 데이터를 가공하다 | ➡ | 데이터에서 무엇을 알 수 있을지 생각한다 |

목적 중심 사고

| 데이터에서 무엇을 알 수 있을지 생각한다 | ➡ | 데이터를 가공하다 |

(출처: 카시와기 요시키, 『빅데이터 시대, 성과를 이끌어 내는 데이터 문해력』)

하고 고객만족도 조사 점수만을 지표로 하는 것도 비슷한 문제를 갖고 있다. 통상 전년 대비 고객만족도 개선도만 비교해서 끝내는 사례가 있는데 그 대신 정기적으로 고객을 방문하거나 연락하는 비율인 고객방문율이나 매출과 같은 보조 지표도 참고하거나 설문 항목에 넣는 것이 바람직하다.

이러한 실수를 줄이고 올바른 데이터 분석 기획을 하기 위해 명심해야 할 몇 가지를 다시 한번 살펴보자. 첫째, 데이터가 먼저가 아니라 목적이 먼저다. 카시와기 요시키는 두 가지 질문을 통해 데이터 중심과 목적 중심의 사고방식의 차이를 강조했다.[3] 하나는 분기별 판매 실적 그래프를 보고 '여기에 대해 무엇을 말할 수 있을까요?'라는 질문이고 다른 하나는 '이 그래프를 만든 사람은 무엇을 얘기하고 싶었을까요?'라는 질문이다.

첫 번째 질문은 누군가가 만든 데이터와 그래프를 읽어내는 것에 집중하는 데이터 중심 사고방식의 질문이고 두 번째 질문은 목적 중심 사고방식의 질문이다. 목적 중심 사고방식은 데이터 작업 전에 무엇이 알고 싶은지를 생각해보고 그에 필요한 데이터를 활용해 작업을 진행하는 방식이다.

데이터는 요술 방망이가 아니다. 아무리 고난도의 통계와 분석 방법을 사용하더라도 데이터를 먼저 보지 말기를 바란다. 대신 '무엇을 알고 싶은지' '무엇을 해결하고 싶은지' '어떤 데이터가 필요한지'를 생각하는 것이 중요하다. 데이터 안에는 답이 없다는 사실을 꼭 명심해야 한다.

둘째, 문제 정의를 구체적이고 명확하게 해야 한다. 자신이 무슨 주장을 하고 싶은지를 구체적으로 정의하는 것이 데이터 분석 기획의 필수조건이다. 문제 정의를 하는 방법에 따라서 활용하게 될 데이터가 크게 달라지기 때문이다. 문제 정의가 구체적이지 않으면 어떤 데이터를 사용했는지에 따라 문제해결에 영향을 줄 뿐만 아니라 스토리 구조도 모호해진다. 이렇게 되면 아무리 좋은 데이터나 분석 방법을 사용한다고 하더라도 상대방을 이해시키기가 어려워질 수밖에 없다.

셋째, 문제해결 중심으로 데이터 분석 기획을 해야 하는 것도 중요한 과제다. 데이터를 잘 활용한다는 것은 그 정보를 기반으로 문제해결 방안을 수립하고 구체적인 행동 계획을 세우거나 상대방이 이해할 만한 판단을 내릴 수 있도록 하는 것이다. 현장에서 가끔 데이터 분석을 단순히 현황 파악에 활용하는 것으로 그치고 마는 것을 보게 된다. 그것은 데이터 분석이 아니라 정리에 불과하다. 목적에 이르지 못하는 결론은 의미가 없다. 가치가 없는 대책을 수립한다면 차라리 안 하는 것이 더 나을 수도 있다. 결국 올바른 데이터 분석 기획은 목적과 문제에 대해 명확히 하고 검증하기 위한

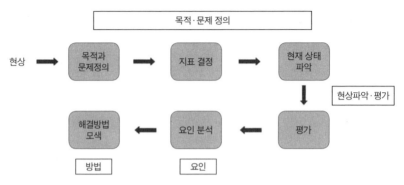

올바른 데이터 활용 프로세스

목적·문제 정의

현상 → 목적과 문제정의 → 지표 결정 → 현재 상태 파악

현상파악·평가

해결방법 모색 ← 요인 분석 ← 평가

방법　　　　요인

(출처: 카시와기 요시키, 『빅데이터 시대, 성과를 이끌어 내는 데이터 문해력』)

데이터 수집과 방법론을 구축하고 이에 대한 결론을 내는 것이다. 이를 위해 '목적과 문제 정의→지표 결정→현상 파악→평가→요인 분석→해결방안 모색'이라는 데이터 활용 프로세스를 반드시 염두에 두어야 한다.

　마지막으로 불필요한 데이터는 과감하게 버리는 결단력이 있어야 한다.[4] 쓰레기 데이터를 포함해 올바르지 않은 데이터들도 엄청나게 많이 존재한다. 결국 무수히 많은 데이터 중에서도 내가 하고 싶은 주장을 뒷받침하는 근거 있는 데이터만 쓸모가 있다. 수많은 데이터 중에서 내가 하고자 하는 주장에 맞는 딱 하나의 핵심적 데이터만 쓴다는 생각으로 선택해야 한다. 필요하긴 하지만 스토리텔링에 쓸 수 없다면 줄일 건 줄이고 과감히 버려야 한다. 정 어렵다면 별첨으로 빼는 것도 좋은 방법이다.

　데이터는 존재 그 자체에 의미가 있기도 하지만 원석과 같아서 어떤 방법으로 어떤 목적으로 분석하느냐에 따라 달라질 수 있다.

사용자의 역량과 관심 정도의 차이에서 비롯된다. 우리가 데이터 리터러시를 길러야 하는 이유다.

5.
챗GPT의 답변은
정답이 아닐 수 있다

앞 장에서 '데이터에는 답이 없다. 데이터만 보지 말고 하고자 하는 목적이 먼저다.'라는 점을 강조했다. 챗GPT 시대 역시 답변 내용인 결과 데이터가 나의 목적에 부합하는 답인지 검증하는 비판적 사고가 필수적이다.

챗GPT의 놀라운 기술 수준에 전 세계가 주목하고 있지만 여러 문제가 일어나며 논란이 제기되고 있다. 가장 큰 문제는 정보의 신뢰도다. 챗GPT는 2021년까지의 데이터를 기반으로 학습했기 때문에 최근의 정보를 갖고 있지 않다. 또 원본 데이터에 따라 사실과 다르거나 편향된 정보를 제공할 가능성도 크다. 오픈AI CEO 샘 알트만Sam Altman은 챗GPT 출시 직후 '챗GPT의 역량은 아직 제한적이고 '프리뷰' 수준으로 재밌고 창의적인 영감을 받는 데 사용하는 건 좋으나 사실 확인에 활용하는 건 그다지 좋은 생각이 아니다.'라고 트윗했다.[5] 더닝-크루거 효과Dunning-Kruger effect라는 말이 있다. 어떤 사실이나 내용에 대해 지식이 많지 않을 때 잘못된 과대평가를 하는 인지 편향을 말한다. 챗GPT의 더닝-크루거 효과를 줄이기 위해서는 기술, 능력, 한계 등에 대한 명확한 이해가 필요하다.[6]

표절 문제도 심각하다. 미국 노던미시간대학교 철학과에서는 챗GPT를 사용하여 쓴 에세이가 발각되었다. 이 학교는 앞으로 학생들에게 인터넷 사용이 제한된 강의실에서만 에세이를 쓰게 하겠다고 발표했다. 이외에도 챗GPT는 다양한 소송에 휘말리고 있다. 조셉 사베리Joseph Saveri 로펌과 매튜 버터릭Matthew Butterick 변호사는 오픈AI와 깃허브가 만든 '깃허브 코파일럿'이 대규모 소프트웨어를 불법 복제했다고 소송을 제기했다. 호주의 한 정치인도 챗GPT가 본인을 뇌물 사건 범죄자로 몰아넣었다고 명예훼손 소송을 시작했다.

또한 핵심 기술, 실적 보고서, 내부 발표 자료, 판매 수치 등 회사의 민감한 핵심 기밀 사항이 노출될 수 있는 우려도 크다. 최근 삼성전자나 SK하이닉스의 일부 부문은 당분간 챗GPT 사용을 금지했고 기업들마다 가이드라인 마련에 고심하고 있다. 개인정보 보호와 보안 문제도 큰 이슈다. 모델을 구축하는 데 사용되는 일부 데이터에는 개인정보와 사적 데이터가 실수로 포함될 가능성이 있다. 사이버 범죄자들은 이미 생성형 인공지능을 사용하여 문서, 소프트웨어, 이미지를 생성하기 시작했다고 한다. 이렇듯 챗GPT 기술이 우리 사회에서 살아남기 위해서는 윤리적, 법적 문제를 포함한 다양한 문제를 해결해야 할 것으로 보인다.

이러한 여러 가지 한계에 따라 챗GPT 시대에서는 당연히 비판적 시각의 데이터 리터러시가 더욱 필요하다. 그 이유는 다음과 같다.

첫째, 챗GPT를 이용하여 대화하다 보면 정보의 출처를 알지 못하고 잘못된 정보를 받아들일 수 있다. 또한 챗GPT가 생성한 답변이 어디서부터 시작되었는지를 파악하지 못하면 정보가 왜곡될 수 있다. 따라서 챗GPT가 제공한 정보의 출처를 확인하고 그 출처가 신뢰할 만한 정보인지 분석해야 한다. 둘째, 챗GPT는 학습 데이터에 따라 결과가 달라질 수 있는 한계점이 있다. 데이터 리터러시가 없으면 이러한 한계점을 파악하지 못하고 모델이 생성한 답변만을 믿게 된다. 별도의 정보를 추가 검색하여 챗GPT가 제공한 결과가 신뢰할 만한 것인지를 판단하는 것이 필요하다. 셋째, 챗GPT는 딥러닝을 통해 학습된 모델이기 때문에 학습 데이터에 따라 편향성이 발생할 수 있다. 이러한 편향성은 모델이 생성하는 답변에도 영향을 미칠 수 있다. 따라서 이러한 편향성을 인식하여 모델이 생성한 답변을 그대로 받아들이지 않고 이를 검증하는 것이 중요하다. 넷째, 챗GPT는 사용자의 입력 데이터를 수집하기 때문에 데이터가 유출될 가능성이 있다. 따라서 챗GPT가 개인정보를 수집하는 이유, 방법, 그리고 그 정보의 보호와 삭제 절차 등을 이해하고 있어야 한다. 마지막으로 챗GPT의 답변은 윤리적 문제를 제기할 수 있다. 데이터 리터러시가 없으면 이러한 문제를 파악하지 못하고 인간과 기계의 관계에 대한 이해도가 부족해질 수 있다.

정리하자면 챗GPT 시대에는 이러한 인공지능 기술의 한계를 이해하고 출처를 확인하며 결과가 신뢰할 만한 것인지를 검증하는 능력이 더욱 필요하다고 하겠다. 물론 챗GPT의 정보의 신뢰도는 시간이 갈수록 개선될 것으로 보인다. 2021년 이후 데이터들이 학습되고 미세조정을 통해서 빠르게 정확도가 올라가고 있다. 사용자가 많아질수록 발전 속도도 훨씬 빨라질 것이다.

참고로 챗GPT를 활용하는 데 질문을 잘하는 요령도 중요하다. 기계인 챗GPT가 잘 이해하도록 질문해야 좋은 답변을 얻을 수 있다. 챗GPT에게 좋은 질문을 하려면 다음을 기억해두자.[7] 첫째, 가급적 영어를 사용하는 것이 좋다. 챗GPT가 학습한 언어 모델이 영어라서 한글로 질문했을 때는 아직 문맥이 매끄럽지 못하고 표현이 풍부하지 않다. 영어 번역기를 사용하여 영어로 질문하면 더 좋은 답변을 얻을 수 있다. 둘째, 질문 전에 챗GPT의 역할과 상황을 알려주면 도움이 된다. 예를 들어 마케터, 데이터 분석가, 개발자 등과 같이 챗GPT에게 역할을 부여하고 정확하게 무엇을 해야 하는지 방향을 제시하면 좋다. 셋째, 챗GPT에게 거꾸로 질문을 하라고 명령을 내리는 것도 좋은 방법이다. 이를 통해 챗GPT는 배경과 맥락을 이해하게 되어 더 정확한 답변을 내놓는다. 넷째, 텍스트 외에도 표나 헤드라인, 부제 등 다양한 형태로도 요청할 수 있다.

10장

데이터 분석을 위한 수집과
관리는 어떻게 할까

1.
필요한 데이터를 어디에서
찾을지부터 물어라

데이터 분석 기획	데이터 수집·관리	데이터 분석	데이터 시각화

내부 데이터

데이터 분석 계획이 세워지면 여기에 맞는 데이터를 수집해야 한다. 데이터 수집의 목표는 분석을 위해 정보가 풍부하고 신뢰할 수 있는 데이터를 수집해 데이터를 기반으로 의사결정을 내릴 수 있도록 하는 것이다. 데이터 수집은 관련성이 높고 고품질의 데이터가 많을수록 마케팅, 영업, 서비스, 상품 개발, 기타 비즈니스 영역에서 더 나은 선택을 할 가능성이 커진다. 기업이 자주 수집하는 데이터에는 다음과 같은 몇 가지 유형이 있다.[1]

첫째, 소비자 데이터는 회사가 소비자 또는 고객으로부터 수집하는 모든 종류의 데이터다. 여기에는 고객 구매, 고객센터 상담,

회사 데이터베이스의 고객 데이터 등이 포함된다. 둘째, 분석 데이터는 분석을 목적으로 회사가 수집하는 모든 정보로 웹 트래픽, 검색 엔진 최적화 분석 데이터 등이 있다. 이 데이터는 회사가 웹 콘텐츠 제작이나 마케팅과 같은 프로세스를 개선하는 데 유용하다. 셋째, 마케팅 데이터는 회사가 마케팅 목적이나 자체 마케팅 프로세스와 관련해 수집하는 데이터이다. 고객 또는 웹사이트 분석, 시장조사 데이터, 경쟁사 조사 데이터, 광고 분석이 포함된다. 넷째, 제품 데이터는 회사가 자사 제품에 대해 수집하는 모든 정보다. 판매 건수, 제품 효율성, 제조비, 인기도 등이 포함된다. 다섯째, 재고와 공급망 데이터는 기업이 정확한 재고 관리, 효율적인 공급망 관리, 상품과 자재의 지속적 흐름을 유지하기 위해 수집하는 정보다. 이 데이터는 회사가 재고 또는 공급망 문제의 오류를 식별해 신속하고 효과적으로 대응할 수 있도록 돕는다. 여섯째, 직원 데이터는 회사가 직원의 성과와 참여도에 대해 수집하는 데이터다. 직원의 행동을 파악해 작업환경과 회사 사기에 대해 자세히 파악하기도 한다.

그럼 분석을 하기 위해 현업에서는 데이터를 어디서 어떻게 수집해야 할까? 당연히 가까이에 있는 내부 데이터의 보유 여부를 따져보고 먼저 수집해야 한다. 기업의 내부 데이터베이스를 통해 성명, 연락처, 거래 내역, 지불 방법 등과 같은 고객 데이터를 얻을 수 있다. 그리고 온라인 플랫폼을 통해 고객의 구매 행동, 구매 습관, 쇼핑 선호도와 같은 거래 데이터를 수집할 수도 있다. 또한 소셜 네트워크 서비스를 통해 좋아요, 공유, 댓글 등과 같은 고객 행동 데이터를 수집하거나 판매 보고서, 수익성, 가격, 유통 채널 등과 같은 판매 데이터나 제품 리뷰, 고객의 소리 등의 데이터를 수집할 수도 있다. 문제는 일반적인 기업의 내부 데이터는 규격화가 되지 않았거나 정보가 빠지고 활용하기 적절하지 않은 데이터가 섞여 있다는 것이다. 실제 활용하기 어려운 데이터들은 오히려 잘못된 의사결정을 내리게 하거나 분석에서 장애 요소가 될 수 있다. 이러한 내부 데이터를 수집해 정리해야 하는 경우 CSV 파일 등으로 만들어 규격화하는 과정이 필요하다. 하지만 지나치게 양이 방대하다면 오히려 새로 수집하는 것이 더 효율적일 수도 있다.

내부 데이터를 수집하기 위해서는 먼저 조직 내 데이터 보유 여부와 형식을 확인하길 바란다. 보유 데이터를 알아야 뭘 할 수 있을지 알기 때문이다. 매일 쌓이는 내부 데이터들이 어떻게 쌓이는지 살펴보고 없는 데이터가 있다면 그 데이터를 어떻게 모아야 하는지 고민해야 한다. 그리고 "우리 회사에는 쓸 만한 데이터들이 없어요."라고 많이 이야기하는데 예상보다 많은 데이터가 자산화되지 않고 사라진다. 따라서 버려지는 데이터가 있는지도 꼭 확인해보길 바란다. 또한 현업에서 IT 부서에 자료 산출을 의뢰해 데이터를 수집할 때는 미리 요건 정의와 함께 소통을 충분히 해야 한다. 의뢰하기 전에 사내 데이터베이스에서 데이터가 어디에 존재하는지를 파악하고 자료 산출 항목, 범위, 대상, 조건 등의 요건을 구체적으로 작성해야만 산출 기간이 짧아질 수 있다. 최근에는 많은 기업이 IT 부서의 업무가 과다한 것을 해결하고 현업의 신속한 자료 산출을 위해 현업 직원들이 직접 쿼리를 짤 수 있도록 SQL

등을 교육시키고 있다.

외부 데이터

다음으로 외부 데이터 역시 잘 활용해야 한다. 외부 데이터는 일반적으로 시장 환경 분석을 통해 확보할 수 있는 영역이다. 경쟁사와 고객의 정보를 담은 데이터들로 상품 차별성, 시장 잠재성, 발전 가능성 등을 파악하면 내부 데이터보다 양질의 지표가 된다. 이외에도 공공기관이나 세계은행의 무료 오픈 데이터나 각종 비즈니스 정보 플랫폼 등을 활용해 마케팅 데이터를 얻을 수도 있다. 그렇다면 이러한 데이터들은 어떤 방법으로 수집할 수 있을까?

첫째, 설문조사 방법이다. 고객을 이해하기 위해서 우리는 자주 고객의 행동을 추적하고 분석한다. 이를 통해 고객의 성별, 연령, 구매 시간과 장소 등 고객이 언제, 어디서, 무엇을, 어떻게 했는지 파악할 수 있다. 그런데 '왜'라는 이유는 직접 알 수가 없다. 이럴 때 고객에게 직접 물어서 통찰력을 얻어야 한다. 주로 고객만족도CSI 조사, 소규모 인터뷰, 고객 패널 운영 등을 통해 온라인, 이메일, 전화 또는 직접 설문조사를 수행할 수 있다. 둘째, 온라인 추적 방법이다. 자사 웹사이트와 앱을 통해 얼마나 많은 사람이 방문했는지, 얼마나 오래 머물렀는지, 무엇을 클릭했는지 등을 알 수 있다. 셋째, 온·오프라인에서의 거래 데이터를 통해 고객과 사업에 대한 다양한 통찰력을 얻을 수 있다. 넷째, 마케팅 캠페인을 통해 귀중한 데이터를 수집할 수도 있다. 다섯째, 소셜 미디어 모니터링을 통해 타깃 고객에 대한 이해를 높일 수 있고 브랜드에 대한 언급을 모니터링할 수 있다. 여섯째, 프로그램에 등록하려는 고객 또는 사이트 방문자에게 몇 가지 기본 정보를 요구해 구독 및 등록 데이터를 수집할 수 있다. 마지막으로 매장 내 트래픽을 모니터링해 가장 바쁜 요일과 시간 등을 알아내는 등 트래픽 데이터를 수집할 수도 있다.

최근에는 공공기관을 중심으로 데이터를 공개하는 곳이 많아졌다. 공공데이터포털, 국가통계포털, 서울시 열린데이터 광장, 주민등록 인구통계, 지방행정 인허가 데이터 등의 사이트가 많이 사용된다. 이외에도 지도는 국가공간정보포털, 기상은 기상자료개방포털, 관광은 TourAPI, 교통은 국가교통DB, 전기는 전력데이터 개방 포털시스템이 분야별 대표적인 공개 포털이다.[2] 민간으로는 주로 네이버 트렌드, 구글 트렌드를 활용한 검색 트렌드를 통해 오픈 데이터를 얻을 수 있다. 또한 웹상의 데이터를 탐색하고 수집하는 크롤링을 통해 블로그, 카페, 소셜 네트워크 서비스에 올린 글의 문맥을 분석해 쉽게 정보를 얻을 수도 있다.

나의 주변에서부터 시작해 오프라인과 온라인까지 분석 목적과 사례에 맞는 필요한 데이터를 찾아야 한다. 하지만 내가 필요로 하는 데이터가 항상 있는 것이 아니다. 데이터를 찾기 어려울 때는 유사한 데이터로 대체하거나 수치화되지 않은 정성적 데이터의 활용도 생각해봐야 한다. 대체할 만한 데이터가 있을지 고민해보는 것도 데이터 리터러시를 기르는 데 좋은 경험이 될 것이다.

현재 조직은 차고도 넘치는 데이터를 보유하고 있다. 과거에는 '데이터가 있나요?'라고 물었다면 지금은 '필요한 데이터는 어떻게 찾나요?'라고 물어야 한다. 나아가 '사용 가능한 많은 데이터 중에서 가장 좋은 데이터를 어떻게 찾을까?'라고 물어야 한다.[3] 그만큼 원하는 데이터가 다양한 형식으로 여러 시스템에 존재할 수 있기 때문이다.

2.
스몰데이터와 딥데이터도
수집하자

레고는 2003년 초에 매출이 전년 대비 30% 감소했고 2004년에도 10%가 감소하는 경영 위기를 맞고 있었다. 그래서 이를 극복하기 위해 '무엇이 정말로 레고를 돋보이게 하는가?'라는 프로젝트를 추진했다. 고객들에게 "당신에게 가장 자랑스러운 물건이 무엇인가?"라는 질문을 했다고 한다. 브랜드 전문가인 마틴 린드스트롬Martin Lindstrom이 데이터를 수집하는 과정에서 독일의 한 소년을 인터뷰했다.

그 소년은 뜻밖에도 한쪽 면이 닳아빠진 아디다스 스케이트보드화 한 켤레를 방 안에서 들고 와 "이 운동화가 나에게 금메달이자 우승컵이에요."라고 말했다. 마틴은 낡은 스케이트보드화를 보는 순간 '이 소년에게는 수없이 넘어지고 다시 일어나 최고의 기술을 터득한 다음에 얻게 될 사회적 명성이 중요한 것이구나.'라는 것을 깨달았다. 그동안 레고는 주 고객층인 밀레니얼 세대가 좀 더 쉽고

편하게 만들 수 있도록 큰 블록을 개발해왔다. 이 소년과 같이 힘은 들지만 수많은 노력 끝에 레고를 완성해 인정받고자 하는 고객들이 기대하는 바를 잊고 있었던 것이다. 레고는 고객의 개인화된 관찰 결과를 반영해 레고의 난이도를 더 올리고 더 노력해야 조립할 수 있는 새로운 블록을 개발했다. 이후 10년간 매출이 지속적으로 증가해 5배 이상 매출이 늘었다. 2014년에는 최대 경쟁사인 마텔의 매출도 뛰어넘었다.

지금은 빅데이터 시대라고 한다. 그러나 레고의 이야기는 꼭 빅데이터만이 능사가 아니라 개인이 관찰한 스몰데이터의 위력을 알려주는 사례다. 빅데이터는 이미 발생한 대량의 데이터를 통해 깊이 있게 세부적으로 분석해서 트렌드를 예측할 때 큰 효과가 있다. 하지만 다른 경쟁업체들도 모두 수집할 수 있고 비용이 많이 들고 허위 정보도 많이 섞여 있는 단점이 있다. 그래서 요즘 대두되는 것이 바로 스몰데이터다. 스몰데이터는 개인의 취향이나 생활양식 등에서 나오는 소량의 데이터를 말한다. 마케팅 설문조사, 이메일, 회의 메모, 심지어 개별 소셜 네트워크 서비스 게시물과 같은 작은 데이터세트들이며 종종 간과되기 쉽지만 중요한 정보를 포함하고 있다. 스몰데이터는 마치 탐정이 개인의 사소한 행동들을 세밀하게 관찰해 단서를 포착해가는 것과 같다. 방대한 양의 데이터를 분석해 결과를 도출하는 빅데이터와는 접근 방식이 크게 다르다.

만약 빅데이터를 통해 '남성들의 여성 이상형'을 알아본다고 하면 엄청난 양의 데이터에서 공통적인 부분만 찾아내 '키는 OOO 센티미터, 머리 스타일은 △△△, 피부 톤은 XXX를 가진 여자' 등의 결과가 나올 수 있다. 하지만 개인을 세밀하게 관찰하는 스몰데이터를 통해 알아보면 그 결괏값은 훨씬 더 다양하게 나올 수 있다. 이렇듯 빅데이터가 특정 집단의 공통적인 특징을 찾아낸다면 스몰데이터는 고객 개개인의 소비 성향, 취향, 선호도 등을 세부적으로 찾아내는 장점이 있다. 빅데이터가 한 방향에서 고객을 바라볼 수 있다면 스몰데이터는 모든 방향에서 고객을 파악할 수 있다. 여러분이 개인의 차별화된 특성을 파악할 목적으로 데이터 분석을 한다면 빅데이터의 틈을 메꿀 수 있는 스몰데이터, 즉 고객과 직접 대화하거나 관찰해서 얻은 데이터도 주목해야 한다.

스몰데이터에 이어 '딥데이터Deep Data'에도 관심이 커지고 있다. 경쟁 기업들도 모두 수집할 수 있는 빅데이터에 비해 다른 사람들이 알지 못하는 정확하고 구체적인 정보가 담긴 딥데이터를 활용하면 차별적 경쟁력을 가질 수 있다. 딥데이터를 활용해 비즈니스에 성공한 스타트업을 소개한 매일경제의 「빅데이터는 옛말, 이젠 '딥데이터'가 경쟁력」이라는 언론 기사를 간략히 정리하면 다음과 같다.[4] 스타트업 샵온에어는 사람들이 버리는 영수증을 딥데이터로 활용한다. 이 회사는 카드 가맹점에 포스커넥터(포스 기기의 유형과 상관없이 송금, 간편결제 같은 결제 수단을 쉽게 쓰도록 지원함)를 1만 ~2만 원대로 싸게 보급하는 대신 여기서 수집된 영수증 데이터로 회사의 수익을 올린다. 소비 데이터를 가장 많이 가지고 있는 카드사들은 누가 어디에서 얼마를 사용했는지는 알지만 '무엇'을 샀는지는 알 수 없다. 이 회사는 흔히 버려지는 영수증에서 구매 목록 데이터의 가치를 발견한 것이다.

푸드 스타트업 마켓보로도 다른 기업이 수집하기 어려운 식자재 유통 관련 딥데이터를 활용해 성장하고 있다. 이 회사는 식자재 유통 과정에 있는 B2B 참여자(도매상 – 유통사-식당)들의 다양한 오프라인 실거래 데이터를 수집한다. 이를 기반으로 식자재 유통 클라우드 서비스SaaS 마켓봄을 운영하고 있다. 최근 누적 거래액이 1조원을 돌파했다고 한다.

스타트업 알스퀘어는 아파트와 같은 주거용 부동산 정보 대신에 수집부터 어려운 상업용 부동산 데이터를 오랜 기간 축적해왔다. 전국의 사무실, 물류센터, 건물 정보를 전수 조사해 데이터를 확보했는데 임대·임차인 성향이나 선호도와 같은 정성적 평가까지도 수집했다. 나아가 클라우드 기반의 전국 상업용 부동산 지도를 구축해 상업용 부동산 임대·임차인 요구를 파악하고 정확한 추천 서비스를 제공한다. 수년간 전국을 누비며 상업용 부동산에 대해 딥데이터를 하나하나씩 모으고 상업용 부동산 종합 플랫폼을 구축한 것이 성장의 원동력이 되고 있다. 빅데이터 대신 딥데이터가 위력을 발휘하는 대표적인 사례다.

3.
데이터의 가치는 정제와 가공에
달려 있다

데이터 정제와 가공은 데이터를 분석하기 전에 분석에 적합하도록 데이터를 만드는 과정이다. 머신러닝 및 데이터 사이언스 커뮤니티 캐글의 창립자 앤서니 골드블룸Anthony Goldbloom은 "데이터 과학의 80%는 데이터 클리닝에 소비되고 나머지 20%는 데이터 클리닝하는 시간을 불평하는 데 쓰인다."라고 말했다. 그만큼 데이터 정제와 가공은 힘든 과정이다. 새로운 원유로서 데이터는 가치는 있지만 정제되지 않으면 실제로 사용할 수 없다. 원시 데이터는 센서, 인터넷, 설문조사 같은 여러 소스에서 얻을 수 있다. 그러나 원시 데이터에는 품질에 영향을 주는 결함이 포함된 경우가 많다.

먼저 잘못된 데이터다. 예를 들어 데이터 수집을 위해 설문조사를 하면 잘못된 정보를 받을 수 있으며 결과 입력 중에도 잘못된 데이터가 발생할 수 있다. 둘째, 누락된 데이터가 있을 수 있다. 대부분의 데이터세트에는 참여자, 기록자, 입력자의 실수 등으로 누락된 값이 포함돼 있게 마련이다. 셋째, 이상값이다. 이상값은 종종 센서 오작동, 오염된 실험, 또는 데이터 기록의 인적 오류에서도 발생한다. 넷째, 오류는 아니지만 분석 방법에 따라서 명목형 데이터를 수치형으로 바꿔야 하는 경우가 있다. 예를 들어 남녀로 구분되는 성별 변수는 0/1로 표현해야 한다. 이외에도 데이터의 중복과 불균형 현상도 종종 나타난다.

이처럼 분석을 위해 수집한 데이터가 분석에 바로 쓰이는 경우는 거의 없다. 데이터를 생성할 때는 분석을 전제하지 않았기 때문에 당연히 누락된 항목이 있거나, 분석에 부적합한 구조이거나, 별도의 처리가 필요한 경우가 대부분이다. 데이터 정제와 가공은 수집된 데이터를 정리하고 표준화하고 통합하는 과정을 뜻하고 데이터 분석 과정에서 가장 많은 노력이 투입되는 단계다.

정제와 가공을 나누어 알아보자. 데이터 정제는 수집된 데이터 중에서 오류 데이터들을 제거하는 과정을 통해 데이터의 신뢰도를 높이는 작업이다. 데이터가 입력되지 않고 누락된 값(결측값), 실제는 입력되지 않았지만 입력됐다고 잘못 판단된 값(노이즈), 데이터의 정상적인 범위에서 많이 벗어난 아주 크거나 작은 값(이상값)들이 대표적인 오류 데이터들이다. 이 오류 데이터들은 주로 삭제하지만 중요한 데이터가 너무 많이 손실될 수 있다. 그래서 오류 데이터를 평균, 최빈값, 중앙값 등으로 대체한다. 또한 회귀식 등을 이용해 예측값을 삽입하기도 한다.

따라서 데이터 정제 시에는 원래 데이터의 몇 퍼센트가 삭제됐는지, 결측값을 추정하기 위해 어떤 방법이 사용됐는지 등 오류 값들이 어떻게 처리됐는지 확인해야 한다. 데이터 정제는 정제 후 데이터 활용 시에 데이터의 왜곡이 발생하지 않도록 특별히 유의해야 한다. 한편 데이터 가공은 준비한 데이터를 분석하기에 적합한 형태로 재구성하거나 데이터들을 결합하는 것이다. '기존의 데이터로부터 새로운 데이터를 얻어내는 행위'라 할 수 있다. 이때 새로운 데이터는 기존의 데이터보다 필요하고 유익한 것이어야 한다.

데이터 분석을 요리 과정에 비유해보자. 데이터는 요리 재료에 해당한다. 음식을 만들려면 우선 재료를 손질해야 한다. 이 과정이 바로 데이터 정제와 가공이다. 쇠고기 스테이크라는 음식을 만들려면 '좋은 소를 선별(원천 데이터 확보)'해 '도축하고 뼈를 발라내어 부위별로 나누는 작업(데이터 가공)'이 필수적으로 선행돼야 한다. 데이터 분석에서도 정확한 분석 결과를 도출하려면 데이터에 내재한 오류들을 먼저 찾고(정제), 동일한 형태로 통일(표준화)하는 작업을 잘해야 한다.[5] 특히 빅데이터 시대에서 무수히 많은 양의 사진, 동영상, 음성과 같은 비정형 데이터가 비약적으로 증가하고 있다. 이러한 비정형 데이터들을 정보로 제대로 활용하기 위해서는 필요한 부분만 추출하는 등 사전 처리 작업이 더 다양해지고 많아졌다.

"현장에 쓸 만한 데이터가 없다."라는 최근의 지적도 따지고 보면 데이터 정제와 가공과 관련이 있다. 활용 목적에 맞게 데이터를 잘 정제하고 가공할 역량이 부족하다는 뜻이기도 하다. 역으로 데이터 정제와 가공 능력을 키우면 쓸 만한 데이터가 늘어날 수밖에 없다는 뜻이 된다. 조직에서 이러한 역량을 키우려면 데이터 처리 기술자와 데이터 표준화 기술자 외에도 데이터가 원천적으로 어떻게 수집됐는지 이해할 수 있는 현업 전문가들의 관심과 도움이 중요하다. 예컨대 금융 데이터를 가공해야 하는데 금융 용어, 데이터 특성, 수집 목적 등을 모른다면 데이터 가공이 제대로 될 수 없다. 최근에는 비정형 데이터의 중요성이 증가함에 따라 기업에서 가진 텍스트나 이미지 데이터를 대신 처리하거나 외부 데이터를 자동으로 추출하는 스크래핑 기업들이 늘어나고 있다고 한다.[6]

수년 전 큰 인기를 끌었던 '서울버스'라는 스마트폰 앱이 데이터 정제와 가공의 좋은 사례다. 소프트웨어 엔지니어 유주완 씨가 고등학교 2학년 때 개발한 서울버스 앱은 출시 한 달 만에 4만 건 넘게 다운로드돼 화제가 되기도 했다. 이 앱은 서울시에서 공개한 공공정보인 '버스 승하차 데이터'를 사용자의 눈높이에 맞춰 정제하고 가공해 서비스한 것으로 폭발적인 인기를 누렸다. '무가치한 데이터를 넣으면 무가치한 결과가 나온다GIGO, Garbage In-Garbage Out' 라는 말처럼 데이터를 어떻게 정제하고 가공하느냐에 따라 그 가치가 달라진다. 데이터 분석의 정확도를 높이고 싶다면 데이터 정제와 가공 능력을 높이는 게 우선이다.

4.
올바른 수집과 저장과 정리가
관리의 기본이다

데이터 수집 과정을 통해 확보된 데이터로부터 유용한 정보를 추출하려면 데이터를 효과적으로 저장하고 관리해야 한다. 데이터 저장이란 수집한 데이터를 분석에 적합한 방식으로 사용하도록 안전하게 영구적인 방법으로 보관하는 것이다. 데이터 저장 방식은 크게 관계형 데이터베이스, 비관계형 데이터베이스, 분산 파일 방식 등으로 구분할 수 있다. 관계형 데이터베이스는 주로 정형 데이터와 같은 관계형 데이터를 저장하거나 수정하고 관리할 수 있게 하는 데이터베이스다. 테이블 형태의 데이터 저장 방식으로 SQL 문장을 통해 데이터베이스의 생성, 수정, 검색 서비스를 제공한다. mssql, mySQL, sybase, 오라클 DB 등의 프로그램이 존재한다. 이 중 mySQL은 무료로 활용할 수 있다.

비관계형 데이터베이스는 기존의 전통적인 방식의 관계형 데이터베이스와는 다르게 설계된 데이터베이스다. 최근에는 그림이나 영상 등을 포함한 다양한 종류의 반정형 데이터, 비정형 데이터가 증가하고 있는데 저장하고 통합하기 위해서 도입됐다. 표의 형태, 즉 테이블 스키마가 고정되지 않아 테이블 연산이 지원되지 않으나 확장성이 좋다. NoSQL**Not-Only SQL**이 주로 활용되고 있다.

최근 데이터의 폭증으로 회사가 보유하고 있는 서버나 컴퓨터의 용량과 처리 능력이 한계에 이를 수 있다. 그러다 보니 여러 대의 컴퓨터를 연결해 동시 처리함으로써 데이터 처리 효율성을 높이는 분산 컴퓨팅 방식이 개발됐다. 분산 파일시스템 방식은 자바 기반의 오픈 소스 프레임워크인 하둡이 주로 사용된다. API를 제공해 처리하는 파일시스템으로 파일 읽기와 쓰기 같은 단순 연산도 지원한다. 범용 컴퓨터를 사용하므로 장비 증가에 따른 성능 향상이 쉽고 수백 페타바이트(PB, 10^{15}바이트)의 데이터도 저장할 수 있다.

데이터 저장을 위해서는 데이터의 처리 주기도 살펴봐야 한다. 최근에 소셜 네트워크 서비스와 같이 실시간 데이터가 입력됨에 따라 유입 속도에 맞추어 빠르게 저장하고 빠르게 분석해 처리해야 하는 경우가 많아졌다. 최근에는 데이터의 처리 속도를 말할 때 수 초, 수 분이 걸리면 '배치' 수준이라 하고 초 단위 처리도 리얼타임이 아니라 '거의 리얼타임'이라고 해서 늦다고 얘기한다. 1,000분의 1초를 뜻하는 밀리세컨드 수준의 처리 정도를 해야 리얼타임 수준이라고 하니 데이터 처리 속도가 앞으로 얼마나 더 빨라져야 하는지 알 수가 없다. 최근에는 데이터를 스토리지에 따로 저장한 후 메모리로 로딩해 분석하는 것이 아니라 메모리에서 바로 분석하는 인메모리 컴퓨팅 방식의 데이터 처리 기술이 사용되고 있다.[7]

미국 IT 솔루션 평가기관 포레스터리서치의 발표에 따르면 기업 내 모든 데이터의 60~73%가 분석에 사용되지 않는다고 한다. 상당수 기업이 데이터 관리를 제대로 하지 않거나 심지어는 아예 관리하지 않고 있어 수집된 데이터의 대부분이 낭비되고 있다. 이러한 데이터들을 다크 데이터Dark Data라고 한다. 오래됐거나 중복되거나 불필요한 데이터일 수도 있고 반대로 가치 있는 데이터인데 활용되지 못하고 있을 수도 있다. 데이터 관리의 기본은 올바른 데이터를 수집해 저장하고 정리하는 것이다. 아무리 믿을 만한 데이터가 많더라도 제대로 관리되지 못하는 데이터는 의미가 없다. 적절한 데이터를 적절한 곳에 적절한 사람이 이용할 수 있도록 데이터를 관리해야 한다. 이를 위해 전사적 데이터 분류 체계를 설계해 데이터를 표준화하고 잘못된 데이터가 수집되거나 사용되지 않도록 체계적인 데이터 관리 거버넌스 구축이 필요한 시점이다.

데이터 저장과 관리에 이어 마지막으로 데이터 분석 인프라에 대해서도 알아보도록 하자. 현재 많은 기업이 데이터 분석 경쟁력을 강화하기 위해 데이터 분석 플랫폼을 운영하는 중이다. 하지만 최근에는 데이터 분석 플랫폼의 인프라가 바뀌고 있다. 종전에는 기업들이 직접 서버를 구매해 데이터 분석 환경을 구축하던 것에서 벗어나 클라우드 인프라를 활용해 데이터 플랫폼을 구현하기 시작했다.[8] 그동안 데이터 플랫폼은 기업의 자체 시설에서 보유하고 직접 유지 관리하는 온프레미스On-premise 환경으로 구축해 사용했다. 그런데 시스템 투자와 운영비가 많이 들고 확장도 어려울 뿐더러 절차가 매우 복잡했다. 예를 들어 시스템 규모에 따라 구축

기간이 평균 6개월에서 1년 정도가 소요됐고 데이터의 양을 고려해 메모리와 디스크 등 스토리지 환경도 구축해야 했다. 또한 비정형 데이터를 분석할 경우에는 하둡, 데이터베이스는 몽고DB, 검색엔진은 엘라스틱 서치 등과 같이 분석 환경을 하나하나 직접 설치하고 구성해야 하는 번거로움이 컸다.

하지만 클라우드 기반 데이터 플랫폼을 이용하면 스토리지 환경, 데이터베이스, 추출·변환·적재 등을 콘솔에서 클릭만으로 선택해 서비스를 받을 수 있다. 수십 분에서 수 시간 만에 클라우드 기반 데이터 플랫폼 환경을 만들 수 있는 것이다. 또한 음성, 사진, 동영상, 텍스트 등 다양한 데이터를 플랫폼 내 스토리지로 전송할 수 있고 데이터 분석 아키텍처를 통해 데이터 마스킹(데이터 가리기)은 어떻게 할 것인지, 스토리지는 어디로 할지 등을 자동으로 지정할 수 있다.

클라우드의 가장 큰 장점은 필요한 인프라, 네트워크, 시스템 외에도 소프트웨어를 사용자 입맛에 맞게 취사선택할 수 있다는 점이다. 기업의 경영 데이터를 용도에 맞춰서 분석하고 활용할 수 있도록 서비스형 소프트웨어를 통해 필요한 소프트웨어를 그때마다 바꿔 사용할 수 있다. 이를 통해 기획, 영업, 마케팅, 디자인 등 다양한 부서의 직원들이 데이터를 직접 사용할 수 있게 되는 등 데이터 소비 주체가 다양해질 수 있게 됐다. 예를 들어 아마존웹서비스는 'AWS S3'라는 스토리지 서비스를 통해 빅데이터 도구들을 손쉽게 접근할 수 있다.

11장

데이터 분석에서 이것만은
알아두자

1.
데이터 분석이란 무엇인가

데이터 분석 기획	데이터 수집·관리	데이터 분석	데이터 시각화

　가트너의 수석 부사장이었던 피터 손더가드Peter Sondergaard는 "데이터는 21세기의 석유이며 분석은 연소 엔진이다."라고 말했다. 데이터를 활용해 앞으로 나아가기 위해서는 데이터 분석이라는 강력한 엔진이 필요한 것이다. 이번에는 통계 기법이나 소프트웨어 기반 알고리즘을 사용해 데이터에서 의미 있는 관계나 패턴 등을 찾아내는, 실제 데이터를 분석하는 방법에 대해 알아보도록 하자.

　현업에서 데이터 분석이라 하면 IT 부서에 의뢰하거나 본인이 쿼리를 짜서 필요한 데이터를 산출하고 평균이나 합계를 구하고 추세선 등 시각화를 해 보고하는 정도가 대부분이다. 주로 단순한 빈도 분석이면 충분하다. 하지만 시장이나 고객을 세부적으로 분석하고 새로운 상품이나 마케팅 개발을 위해 통찰력을 얻으려면 다양한 통계 기법, 빅데이터 기법, 머신러닝 등을 활용한 데이터 분석이 필요하다. 그렇다고 모두가 고급 통계 기법이나 분석 도구를 능숙하게 다룰 필요는 없다. 주로 간단한 개념과 함께 이럴 때는 이런 분석 방법을 쓰면 되고 이런 점들은 주의하는 게 좋겠다는 정도의 수준이면 충분하다.

먼저 데이터를 분석하려면 분석의 종류를 알아야 한다. 분석의 목적에 따라 여러 가지 분류가 있지만 존스홉킨스대학교의 제프릭Jeff Leek 교수가 제시한 6가지 분류를 가장 많이 사용한다.[1]

1. 기술적 분석Descriptive Analysis
2. 탐색적 분석Exploratory Analysis
3. 추론적 분석Inferential Analysis
4. 예측적 분석Predictive Analysis
5. 인과관계 분석Causal Analysis
6. 기계론적 분석Mechanistic Analysis

첫째, 기술적 분석이다. 데이터를 요약하거나 간단하게 일반화해 주어진 데이터에 대한 설명을 목적으로 하는 분석이다. 별도의 해석을 포함하지 않으며 평균, 분산, 표준편차 등 보편적인 지표들을 활용한다. 요즘 코로나19 확진자와 사망자에 대한 그래프를 많이 보는데 바로 기술적 분석이다. 가끔 한글로 번역돼 '기술적 분석'이라고 쓰여 있으면 '어떠한 기술技術이 들어가 있지?'라고 생각하는

분들이 있다. 그런데 여기서 기술적이라는 것은 테크니컬Technical
이 아니라 디스크립티브Descriptive로서 서술敍述 또는 묘사描寫를 말
하는 것이다.

둘째, 탐색적 분석이다. 주어진 데이터를 다양한 방식으로 살펴
데이터 내 변수 간의 상관관계나 트렌드 등을 탐색하는 방법이다.
여러 변수 사이의 관계에 대한 사실 확인이 주된 목적으로 가설을
세우는 데 유용하다. 예를 들어 신상품 판매가 계절 변화와 방학
시기의 영향으로 증가했다는 사실 등을 파악할 때 사용할 수 있다.

셋째, 추론적 분석이다. 주로 표본과 모집단 간의 관계를 탐구하
는 방법이다. 즉 샘플에서 얻은 정보를 모집단에서 적용할 수 있는
지를 알아볼 때 사용한다. 예를 들어 500명을 대상으로 하루 소금
섭취량을 조사해 인간에게 필요한 적당한 소금 섭취량을 알아낼
때 사용된다.

넷째, 예측적 분석도 많이 사용된다. 주어진 샘플 데이터로부터
전체 데이터로 일반화할 수 있는 패턴을 도출한 후 모델을 만들어
특정 변수의 값을 예측하는 방법이다. 예컨대 출구조사를 통해서
선거 결과를 예측하는 방법으로 이를 위해 선거 결과 예측 모델,
여론조사 결과, 역대 선거 결과 등 다양한 정보가 활용된다.

다섯째, 인과관계 분석이다. 독립변수와 종속변수 간의 인과관계
를 파악해 그런 결과를 나오게 하는 변수를 찾는 것이 주된 목적이
다. 주로 의약품 개발에 많이 사용된다.

여섯째, 기계론적 분석이다. 인과관계 분석은 독립변수와 종속
변수 사이의 인과관계를 파악하는 분석 방법이라면 기계론적 분석

은 변수 사이의 영향과 최종적인 변화가 나타나는 과정을 밝혀내는 것이다. 대부분의 과학 이론이 여기에 속하는데 핵분열이 일어나는 과정을 과학적으로 분석하는 것이 기계론적 분석이다.

현업의 예를 들어 다시 설명해보겠다. 나를 포함한 대부분의 사람은 데이터 분석을 할 때 우선 데이터가 어떻게 생겼는지 알기 위해 요약하고 시각화해 데이터 특성을 파악한다. 여러분이 잘 아는 성별, 연령별 평균과 분산을 구하는 방법으로 대략 데이터의 특성을 알아본 후에는 대부분 다음과 같이 5가지의 질문을 하게 된다.

1. 이 데이터를 가지고 모집단을 추정할 수 있을까?
2. 데이터별로 그룹이 있는데 그룹 간에 차이가 날까?
3. 어떤 결과에 대해 여러 요인끼리 서로 관계를 가진다는 것을 확인할 수 있을까?
4. 이 데이터들 사이에서 패턴(규칙)을 알아낼 수 있을까?
5. 이 데이터를 가지고 예측을 할 수 있을까?

왜 이런 질문에 관해 이야기하느냐 하면 질문의 종류에 따라 그에 맞는 적절한 분석 방법이나 모델을 찾아 분석을 진행해야 하기 때문이다. 대용량 처리 기술이 발전하지 못했던 과거에는 데이터 분석은 주로 표본을 수집해 통계 기법을 활용해 결론을 도출했다. 샘플링된 표본에서 보여주는 결과이기 때문에 모집단을 대표하는지 확인이 필요했다. 그러다 이후 하드웨어의 성능이 발전하고 기하급수적으로 많은 데이터가 수집되면서 1990년대에 데이터 마이닝이 확산되고 2000년대에 머신러닝 기법들이 많이 발달하게 된다. 모두 통계 기법을 기초로 하되 빅데이터 등장으로 데이터 마이닝이, 컴퓨터 공학의 발전으로 머신러닝이 출현하게 된 것이다.

여러분은 대부분 데이터 분석 전문가가 아니라서 기초적인 개념과 함께 '아! 이럴 경우에는 이런 방법을 쓰면 되는구나.'라는 정도만 알아두면 좋을 것 같다. 아무래도 상대방이 어떤 분석 도구를 썼고 어떤 통계 기법을 사용했는지 정도만 알고 있어도 그 데이터가 신뢰할 만한 것인지, 무엇을 의미하는지를 어느 정도는 판단할 수 있기 때문이다. 또 그만큼 데이터 리터러시에 한발 앞서 나가는 셈이다.

2.
분석 기법에는 무엇이 있을까

통계분석 기법

통계는 현상을 보기 쉽게 일정 체계에 의해 숫자로 나타낸 것을 의미한다. 통계는 수많은 데이터로부터 요약된 정보를 제공하고 과거 데이터를 통해 미래를 예측할 수 있고 데이터의 숨겨진 패턴을 발견함으로써 올바른 의사결정을 도울 수 있기 때문에 매우 필요하다. 그렇다면 왜 통계분석 기법이 필요할까? 그 이유는 알 수 없는 모집단을 추정하거나 도출된 결론을 검정할 경우 등에 통계분석 기법이 매우 유용하기 때문이다.

통계분석 기법은 현업에서 빈번하게 사용하고 있다. 특히 매일 수없이 쏟아지는 판매·거래·고객 데이터들을 요약하고 정리하기 위해 기술 통계를 많이 사용하게 된다. 예를 들어 이번 달 영업 점포별 판매 실적을 분석한다고 하자. 우선 분석해야 할 데이터를 엑셀에 입력한 후 도수분포표를 만들어 특정 구간에 속하는 데이터의 개수를 알아본다. 도수분포표를 보아도 가시적으로 보이지 않아 파악이 잘되지 않으면 히스토그램을 그려 시각화해보는 것이 좋다.

데이터들을 보기 좋게 정리했으면 이제 요약 통계량을 확인할 필요가 있다. 요약 통계는 통상 3가지, 즉 중심화경향값, 산포도, 분포 형태 및 대칭 정도를 확인한다. 중심화경향값은 우리가 자주 쓰는 산술평균값으로 값을 모두 더하고 기준이 되는 것의 개수로 나눈 것을 말한다. 이외에도 최빈값(수집한 데이터 중 그 빈도가 가장 많이 나타난 값), 중앙값(자료를 크기순으로 정렬했을 때 중앙에 위치한 값), 기하평균(n개의 자룻값을 모두 곱한 것의 n제곱근)도 사용되고 있다. 주로 극단적인 값이 포함되거나 비율의 평균을 구할 때 등 산술평균이 왜곡될 가능성이 있을 때 사용된다. 산포도는 데이터들이 얼마나 흩어져 있는가를 나타낸 것으로 데이터 비교에 유용하다. 분산(편차 제곱의 평균)과 표준편차(분산에 루트를 취한 값)를 주로 쓴다. 분포 형태와 대칭 정도는 데이터들의 분포가 좌우로 얼마나 치우쳐 있는지(왜도), 그래프가 얼마나 뾰족한지(첨도)를 확인할 수 있다. 이렇듯 중심화경향값, 산포도, 분포 형태 등을 구해서 이번 달 판매직원들의 평균 판매 건수는 얼마이고 판매직원 간 실적이 어느 정도 흩어져 있으며 어떻게 분포돼 있는지 알 수 있다.

이번에는 앞에서 말한 5가지 질문으로 돌아가 질문별로 어떠한 분석 방법을 쓰면 좋을지 알아보자.

1번 질문 '이 데이터를 가지고 모집단을 추정할 수 있을까?'에서 모집단을 추정하는 일은 모두가 평소 쉽게 하는 방법이다. 예를 들어 ○○사과 농장에서 생산된 사과 전체의 평균 당도를 조사할 때 모든 사과의 당도를 구할 수 없으므로 100개의 사과를 조사했더니 평균 당도가 14브릭스가 나왔다고 하자. 이를 바탕으로 전체 사과의 평균 당도를 14브릭스라고 하는 것이 바로 모집단(평균)을 추정하는 것이다.

2번 질문 '데이터별로 그룹이 있는데 그룹 간에 차이가 날까?'는 차이 검정 방식을 사용해 분석해야 한다. 검정이란 표본의 정보를 사용해서 우리가 세운 가설의 합당성 여부를 판정하는 과정인데 가설을 세우고 그 가설이 맞는지 테스트하는 것이다. 예를 들어 가격이 비싼 A사 건전지와 비교적 저렴한 B사 건전지가 수명이 다른지를 비교하고 싶다고 하자. A사 건전지 100개를 뽑았더니 평균수명이 12개월이고 B사 건전지 100개로 평균수명을 구했더니 11개월이 나왔다. 그렇다면 두 건전지의 평균수명이 다르다고 할 수 있을까? 아니면 우연히 이번 샘플만 이렇게 나온 것일까? 이 질문에는 집단 간 평균값을 비교하는 검정 통계 방법을 사용해야 한다.

3번 질문 '어떤 결과에 대해 여러 요인끼리 서로 관계를 가진다는 것을 확인할 수 있을까?'에서 관계를 분석하고자 할 때는 교차분석과 상관분석이라는 통계 기법을 이용하는 것이 좋다. 우선 교차분석은 '거주지역'과 '성별' 간에 관계가 있는지 등을 알고 싶을 때 사용하는 분석 방법으로 주로 엑셀의 피벗 테이블과 같은 크로스 테이블에서 행과 열에 대한 관계를 확인할 때 많이 쓰이는 분석이다. 상관분석은 데이터의 특징끼리 얼마나 선형관계가 있는가, 즉 두 데이터 값 사이에 직선식의 형태가 있는가를 보는 것이다. 점들의 분포를 통해 일정한 패턴을 확인한 후 상관계수를 구해 두 변수 간의 선형관계를 알 수 있다. 예를 들면 연령과 연간 자동차 주행거리, 소득금액과 지출금액 간의 관련성 여부 등을 분석하고자 할 때 이용되는 분석 기법이다.

만약 변수들 사이에 선형관계가 있다면 4번 질문 '이 데이터들 사이에서 패턴(규칙)을 알아낼 수 있을까?'와 5번 질문 '이 데이터를 가지고 예측을 할 수 있을까?'에 대해서는 회귀분석을 사용할 수 있다. 회귀분석은 한 개 또는 그 이상의 변수들(독립변수)에 대해 다른 한 변수(종속변수) 사이의 관계를 수학적인 모형을 이용해 설명하고 예측하는 분석 기법이다. 상관분석을 통해 고객센터의 만족도와 회사 전체의 만족도 간에 일정한 패턴을 확인했고 상관계수 또한 높은 양의 선형관계를 이루었다고 가정해보자. 이 경우 관측된 값으로 회귀식을 추정해보고 이를 통계적으로 검정해 적합도를 파악한다면 고객센터에 대한 만족도가 1이 증가할 때마다 전체 만족도가 얼마만큼 증가한다고 예측할 수 있다.

데이터 분석을 할 때 독자들이 자주 하는 질문에 따라 거기에 맞는 기초적인 통계분석 기법을 간단히 소개했다. 이외에도 변수의 속성과 종류 그리고 변수 간 관계에 따라 다양한 통계분석 기법들이 있다. 한마디로 정리하면 '소수에서 다수를 추정하거나 검정을 할 때 방금 말한 통계분석 기법을 주로 사용한다.'라고 이해하면 된다. 이 정도의 통계분석 기법은 개념만 알면 엑셀이나 사회과학용 통계 패키지인 SPSS 등을 통해 구할 수 있다.

데이터 마이닝과 머신러닝

시장 트렌드를 가장 빠르게 살펴보는 방법이 바로 빅데이터 분석이고 그 대표적인 기법이 데이터 마이닝이다. 데이터 마이닝을 우리말로 옮기면 자료 채굴이다. 대규모로 저장된 데이터 안에서 자동적이고 체계적으로 통계적 규칙이나 짜임을 분석해 가치 있는 정보를 도출하는 과정을 말한다. 검색 키워드, 문장이나 대화 속에 담긴 의견, 분야별 제품 수요, 고객의 행동 패턴 등도 데이터 마이닝이 가능하다.

데이터 마이닝은 비정형 텍스트에서 유용한 단어를 추출해 빈도 수를 분석하고 맥락 수준의 의미를 찾아내는 텍스트 마이닝, 소셜 미디어와 웹사이트 등에서 댓글 등을 긍정, 부정, 중립으로 분류해 보다 객관적인 의견을 파악하는 오피니언 마이닝, 소셜 네트워크 서비스와 같은 네트워크 구조의 정보에 대해 노드와 링크의 색깔과 크기를 조정해 네트워크의 관계를 시각화하는 소셜 네트워크 분석 방법이 많이 사용되고 있다.

텍스트와 같은 비정형 데이터 외에도 데이터 마이닝은 기존 통계 도구들을 기반으로 방대한 정형 데이터의 패턴도 찾을 수 있다. 빅데이터의 양이 워낙 많다 보니 알고리즘의 도움을 받아 규칙을 찾는 것이다. 대표적으로 3가지 방법을 들 수 있다. 첫째, 연관 분석이다. 주어진 데이터세트에서 변수 간의 관계를 찾기 위한 규칙 기반으로 시장바구니 분석에 자주 사용되며 교차 판매 전략이나 추천 엔진을 개발할 때 활용된다. 둘째, 의사결정 트리 방법이다. 회귀 또는 분류 방법을 사용한 일련의 의사결정을 기반으로 잠재적 결과를 분류하거나 예측한다. 이름에서 알 수 있듯이 나무와 같은 시각화를 사용한다. 셋째, 최근접 이웃 알고리즘**KNN, K-Nearest Neighbor** 기법이다. 유유상종이란 말처럼 데이터를 가장 가까운 유사 속성에 따라 분류해 라벨링하는 알고리즘이다. 거리 기반 분석 방법이라고 이해하면 된다. 지금까지 대량의 정형, 비정형 데이터를 마이닝하는 기법에 대해 알아보았다. 주로 대량의 데이터들을 처리하기 위해 알고리즘을 기반으로 패턴을 추출하고자 할 때 활용되고 있다.

그럼 최근 가장 많이 사용되는 머신러닝에 대해 알아보도록 하자. 머신러닝은 수학적으로 접근하기보다 데이터를 통해 모델을 만들고 그 모델을 통해 처음 보는 데이터에 관한 결과를 예측하는 데 많이 활용되고 있다. 거의 컴퓨터 공학 쪽에서 보는 데이터 분석이라고 봐도 될 것 같다. 여기서 여러분들의 이해를 돕고자 인공지능, 머신러닝, 딥러닝은 어떻게 다른지 짚어보고 가겠다. 언뜻 서로 다른 개념인 듯 보이지만 실은 인공지능 〉 머신러닝 〉 딥러닝의 관계다. 상위 개념인 인공지능이 인간의 개입 없이도 스스로 학습하고 판단할 수 있는 컴퓨터를 가리킨다면 하위 개념인 머신러닝은 컴퓨터가 학습할 수 있도록 하는 하나의 방법론을 의미한다.[2] 데이터라는 학습 재료와 알고리즘이라는 학습 경로를 컴퓨터에 제공함으로써 학습된 컴퓨터가 별도의 코딩 없이도 스스로 판단을 내릴 수 있도록 하는 방법론이다.

반면 딥러닝이란 머신러닝의 하위 개념으로 알고리즘이 정한 경로를 따라 학습하는 것이 아니라 여러 계층으로 이루어진 신경망을 통해 데이터를 주체적으로 학습해 판단을 내리는 것을 뜻한다.

인공지능, 머신러닝, 딥러닝 관계[2]

인공지능AI
인간처럼 판단을 내릴 수 있게 하는 기술

머신러닝Machine Learning
데이터를 통해 학습해 추론할 수 있게 하는 기술

딥러닝Deep Learning
인간의 뇌 신경망을 모방해 더 많은 데이터를 통해
자동화된 방식으로 학습해 추론할 수 있게 하는 기술

(출처: 『동아비즈니스리뷰』)

더 진보된 형태의 학습방식이 특징이며 인공지능신경망(인간 뇌의 동작 방식에서 착안해 개발한 학습 방법)의 한 종류이기도 하다. 최근 열풍이 불고 있는 챗GPT도 딥러닝 알고리즘 중 하나인 인공신경 망을 사용한다.

또 하나 알아야 할 것이 머신러닝은 학습방식에 따라 지도학습 과 비지도학습으로 구분된다는 점이다. 지도학습은 말 그대로 정 답이 있는 데이터를 활용해 데이터를 학습시키는 것이다. 입력값 X 데이터가 주어지면 입력값에 대한 정답 라벨Y 데이터를 주어 학 습시키며 대표적으로 분류와 회귀가 해당한다. 반면 지도학습과는 달리 정답 라벨이 없는 데이터를 유사한 특징끼리 군집화해 새로 운 데이터 결과를 예측하는 방법을 비지도학습이라고 한다. 라벨 링돼 있지 않은 데이터들에서 패턴이나 형태를 찾아야 하기 때문 에 지도학습보다는 난이도가 있다고 할 수 있다.

머신러닝 원리

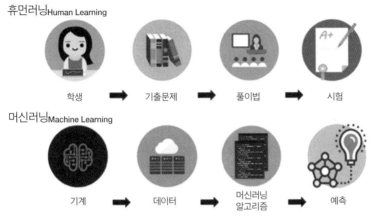

휴먼러닝Human Learning

학생 ➡ 기출문제 ➡ 풀이법 ➡ 시험

머신러닝Machine Learning

기계 ➡ 데이터 ➡ 머신러닝 알고리즘 ➡ 예측

(출처: 다빈치랩스)

　　그렇다면 머신러닝은 어떻게 미래를 예측하는 것일까? 인간 학습의 개념을 머신러닝으로 바꾸어 대입해보자. 학생이 기출문제를 구해 풀이법을 공부해 최종 시험에 응용하는 것과 같이 컴퓨터도 데이터를 통해 알맞은 알고리즘을 찾아내고 알고리즘이 포함된 모델로 미래 예측에 응용한다. 엑셀에서 한번 추세선을 만들어놓으면 X값 변화에 따른 Y값을 계속 추정할 수 있는 것과 같이 알고리즘 모델로 미래 결과를 예측하는 것이다.[3] 데이터 마이닝이나 머신러닝은 R, 파이썬, 오렌지 등의 분석 도구를 활용해 산출할 수 있다.

3.
데이터 분석에서 꼭 알아야 할
사항은 무엇일까

우선 데이터 분석을 할 때 독자 여러분이 꼭 알아야 할 용어를 소개하고자 한다.[4]

1. 데이터 집계: 데이터를 유용하게 요약한 편집된 정보를 말한다. 예를 들어 올해 대학교를 졸업한 학생의 이름과 수는 '올해 대학 졸업률'로 집계될 수 있다.

2. 변수: 서로 다른 상황 간의 상관관계, 인과관계 등을 보여주기 위해 측정할 수 있는 요소다. 금융상품 구매 성향을 분석하기 위해서는 성별, 연령, 소득, 결혼 여부 등과 같은 인구 통계학적 변수들을 설명해야 한다.

3. 분포: 주어진 변수에 대해 가능한 모든 값의 배열(변수가 흩어진 상태)과 확률을 말한다. 주사위를 굴릴 때 가능한 결과는 1과 6 사이에서 각각 동일한 확률로 나타난다.

4. 추정: 특정 사물의 가치, 결과, 금액 등을 대략 계산한 것이다. 1킬로미터를 걷는 데 걸리는 시간을 알면 5킬로미터를 달리는 데 걸리는 시간을 대략 추정할 수 있다.

5. 오차범위: 무작위 표본 데이터 수집을 사용할 때 계산되는 오류의 정도다. 오차 한계가 작을수록 결과를 일반 대중에게 더 정확하게 적용할 수 있다. 예를 들어 설문조사에 따르면 '국민의 40%가 A라는 정책을 지지하고 있다.'라는 결과가 나왔다고 하자. 그러나 모든 국민이 설문조사에 응답한 것은 아니므로 '오차 범위는 5%이다.'라고 할 때 '국민의 35~45%가 현실적으로 이 정책을 지지한다.'라는 의미다.

6. 기본 데이터: 설문조사, 인터뷰, 실험 등을 통해 수집한 정보를 말한다. 회사에서 신상품 개발을 위해 500명에게 설문조사를 실시해 얻은 데이터를 말한다.

7. 보조 데이터: 비교하거나 추론하기 위해 다른 소스에서 집계한 정보다. 신상품과 비교하기 위해 여러 회사의 경쟁 상품에 대한 선호도를 파악한다면 이는 보조 데이터라 할 수 있다.

8. 개연성: 변수가 주어진 결과를 가질 가능성을 말한다. 예를 들어 사람들은 강수 확률이 30% 미만일 때 우산을 챙기지 않고 출근할 가능성이 크다.

9. 표본의 크기: 표본을 구성하는 원소의 개수를 말한다. 만약 '서울시민들의 연봉을 조사하기 위해 조사자 30명을

모집해 각 조사자에게 100명씩을 조사하게 한다.'라고 가정하자. 각 조사자가 만난 100명이 표본의 크기이며 조사자의 수가 표본의 개수(30개)다.

10. 통계적으로 유의미한: 확률적으로 봐서 단순한 우연이라고 생각되지 않을 정도로 의미가 있다는 뜻이다. 즉 통계적으로 오류일 가능성이 작다는 뜻으로 주로 '통계적으로 유의미하다.'라고 표현한다.

이번에는 현장에서 통계분석을 활용해 데이터를 분석할 때 주의해야 할 사항에 대해 살펴보겠다.[5] 첫째, 평균을 다룰 때는 표준편차나 분포를 같이 봐야 한다. 평균 하나만 가지고는 대표성을 갖기 어렵기 때문이다. 많은 통계 자료에서 평균은 마치 결론이 담긴 한 문장처럼 전체 통계를 대표하는 값으로 활용되곤 한다. 통계의 세부 내용을 봐도 이해가 잘 안 되거나 세부 내용을 살펴볼 시간이 없는 사람들은 평균을 해당 통계의 결론처럼 받아들이는 경우가 많다.

예를 들어 상품의 월별 평균 판매량이 A는 450개, B는 360개, C는 610개라고 하자. 당연히 평균이 낮은 B 상품에 판촉비를 확대해야 한다고 생각하기가 쉽다. 하지만 표준편차를 산출해 C가 월별 편차가 더 크다면 C 상품의 매출이 적은 달에 판촉을 더 강화해서 C 상품의 매출을 늘리는 것이 더 좋은 방법일 수도 있다. 따라서 평균을 표시할 때는 되도록 중앙값이나 표준편차와 분포 형태를 함께 나타내야 하고 필요에 따라서는 시계열이나 계층별 분석을 통해 평균 속에 누락된 데이터 속성을 잘 파악해야 한다. 실제 현업 보고서에서는 산포도와 분포 형태는 많이 다루지 않지만 나 같은 경우는 분포 형태를 많이 보고해달라고 하는 편이다. 예를 들어 판매인별 실적은 고능률 직원과 신입 직원 간의 차이가 커서 산술평균만으로는 대표성이 부족하다. 따라서 분포도와 함께 상위 75%의 평균, 상위 50%의 평균을 봐야 한다.

둘째, 통계치의 초점이 어느 일방에만 맞춰져 있지 않은지 점검해야 한다. 통계 정보는 활용하는 주체의 목적에 따라 특정 부분이 강조되거나 절대적 차이 대신 상대적 차이가 두드러지는 경우가 많다. 한쪽 보고서의 제목은 '판매사원 10명 중 4명은 월 200만 원도 못 번다'이고 다른 보고서의 제목은 '월 200만 원 이상 판매사원 60% 돌파'라고 하자. 전자는 덜 받는 쪽에 초점을 맞추고 후자는 더 많이 받는 쪽에 초점을 맞추어 보고서를 썼는데 통계가 강조하는 각도는 완전히 다르게 전달되고 있다. 또 다른 예로 A집단과 B집단을 비교했더니 질병 발병률 차이가 2배였다는 발표가 있었다고 하자. 그런데 실제 질병 발병률이 A집단은 1%, B집단은 2%였을 때 2배 차이라는 것은 실제로는 1%포인트 정도이기 때문에 아무런 의미가 없는 것이다.

셋째, 순위나 점수를 산정해 발표하는 경우 그 기준이 공정하게 적용된 것인지 확인해야 한다. 경제협력개발기구에서 발표한 국가별 실업률의 경우 '실업자'로 보는 기준이 국가마다 다르다. 그 기준을 고려하지 않고 순위만을 보아서는 오류가 발생한다. 어느 나라는 일주일에 15시간 이상을 일해야 실업자에서 제외한다. 반면 다른 어느 나라에서는 일주일에 1시간만 일해도 취업자에 포함한다.

넷째, 데이터를 해석할 때 상관관계와 인과관계를 오인하는 경우가 많다. 아이스크림 회사에서 작년까지 광고를 안 하다가 올해 광고를 했는데 매출이 30% 늘었다. 그래서 '광고 덕분에 매출이 작년보다 30% 늘었다.'라고 보고한다면 정확한 것일까? '그렇다.'라고 단정하기 힘들다. 올해 무척 더웠거나 코로나19 규제가 완화돼 나들이가 느는 등 광고가 아니어도 아이스크림이 많이 팔릴 수 있는 다른 요인이 있기 때문이다. 이렇듯 상관분석 결과는 인과관계를 나타내는 것이 아니다. 상관관계는 선형관계성 여부만 파악하는 것이고 양자 간 인과관계가 있는지와 어느 쪽이 결과이고 어느 쪽이 원인인지는 분석하는 사람의 해석이 중요하다. 해석을 잘못하면 정반대의 결론을 내리게 되니 실무에서 주의가 필요하다.

다섯째, 데이터를 분석할 때 확증 편향을 가장 경계해야 한다. 우리는 본인의 신념에 부합되는 정보나 근거만을 찾으려고 하거나 이와 반대되는 정보는 무시하려는 인지적 편향을 자주 보게 된다. 따라서 데이터 결과를 분석할 때는 개인 또는 팀에 편견이 존재할 수 있음을 알아야 한다. 결국 다양한 데이터를 토대로 편향에 사로잡힌 개인 또는 팀을 설득해야 한다.

여섯째, 결괏값만 보고 가끔 표본을 소홀히 보는 경우가 있다. 표본이 너무 작거나 샤이Shy 지지층 등으로 응답률이 낮은 통계는 그 정확성이 상대적으로 떨어질 수밖에 없어 신중하게 판단해야 한다. '개그맨들은 아내가 다 미인이다.'라든지 '내가 응원만 하면 ○○프로야구팀은 저.'라는 것도 소수 사례를 과대평가한 것이거나 작위적 표본에서 기인한 오류다.

마지막으로 조사 방법이 틀렸을 때도 통계를 잘못 해석할 수 있다. 일회성으로 조사하거나 정치, 종교, 젠더 등 민감한 이슈를 대면으로 조사하면 그 결과가 상당히 다를 수 있다. 이렇듯 사실을 나타내는 데이터는 잘못 표현될 수 있고, 그 분석과 해석에 있어 편향이 있을 수 있고, 표본 크기가 너무 작으면 정확한 의사결정이 어렵거나 신뢰도가 떨어지는 경우가 많아서 주의할 필요가 있다.

나는 현장에서 "분석 도구는 어느 정도까지 배워야 하나요?" "배워도 현장에 돌아오면 써먹지를 못해요." 등의 질문과 하소연을 많이 듣는다. 요즘 많은 직원이 R, 파이썬, 오렌지 등 오픈 소스에서 제공하는 도구를 많이 배운다. 우선 하나의 도구를 정해 자주 사용해 친숙해지는 것이 중요하다. 배울 때는 되도록 현업에서 사용하는 통계를 예제로 많이 사용해보길 바란다. 고급 분석 기법을 자주 사용하지 않는 현업에서는 엑셀이나 SQL만으로 많은 분석을 할 수 있다. 또한 최근 많은 기업이 대용량 데이터에 직접 접근해 대화식으로 정보를 분석할 수 있는 온라인 분석 처리OLAP, Online Analytical Processing 도구 교육을 강화하고 있으므로 배워두면 현업에서 편리하게 사용할 수 있다.

4.
어떻게 올바른 데이터 해석과
문제해결을 할까

해석과 문제해결

이번에는 데이터 수집, 관리, 분석을 통해 결과를 도출했을 때 어떻게 해석해 목적에 맞게 활용할 수 있는지에 대해 알아보자. 먼저 현업에서 데이터가 어떻게 활용되는지 짚어보도록 하겠다. 대부분의 조직에서 매달 판매 실적 자료를 업데이트하는데 대체로 차트나 그래프로 만들고 몇 가지 제안과 연결하는 것으로 끝내는 경우가 종종 있다. 하지만 이것은 '실적 공지'를 하는 것이지 조직이 원하는 '시사점'을 전달하지는 못한다. '데이터를 분석한다.'라고 하면 실적 추이나 결과를 알기 쉽게 그래프 등으로 보여주는 것으로만 생각하는 사람들이 의외로 많다.

현업에서 데이터 활용력을 높이기 위해 알아두어야 할 게 몇 가지 있다. 첫째, 데이터 분석은 데이터 활용으로 연결돼야 한다. 아무리 잘 산출한 데이터라 할지라도 결과만 보고 활용할 계획을 세우지 못한다면 공들여 분석한 의미가 없어질 것이다. 그래서 데이터를 해석하는 단계부터 분석 결과물을 활용하기 위한 계획을 세워야 한다. 애써 만든 데이터를 공유하고 프레젠테이션만 한다면 데이터 정리로만 끝나는 것이다. 앞서 얘기했듯이 목적에 이르지 못하고 결론으로 유도하지 못하는 데이터 분석은 가치가 없다. 조직에서 데이터를 잘 활용한다는 것은 그 정보를 통해 문제해결 방안을 수립하고 구체적인 행동 계획을 세우거나 관계자들의 판단이나 합의를 끌어낼 수 있다는 것이다. 올해 비용 데이터를 열심히 분석해 '올해 상반기에는 전년 동기 대비 판매촉진비를 10% 절감했다.'라는 결과를 도출했다면 그것은 데이터 정리에 불과한 것이다. 대신 10% 절감이 가능했던 가장 큰 요인은 무엇인가? 내년에도 이를 어떻게 할 수 있을까? 등의 질문에 답변할 수 있도록 대책을 세워야 한다.

둘째, 올바른 데이터 활용이 되기 위해서는 결과와 결론이 달라야 한다.[6] 데이터를 수집하고 처리하고 분석한 다음에 하는 마지막 단계가 결론을 서술하는 것이다. 여기서 주의해야 할 것은 결과와 결론은 다르다는 것이다. 계산과 분석을 통해 나온 결과물은 어디까지나 결과이며 그 결과가 목적에 대해 어떤 의미가 있는지 설명하는 것이 바로 결론이다. '데이터를 활용한다.'라는 것은 결과가 아니라 결론을 도출하는 것이다. 예를 들어 올해 판매 데이터를 분석해 '30대와 40대 판매직원들과 50대와 60대 판매직원들 간에 판매 실적에 차이가 있다.'라고 하는 것은 결과다. '30대와 40대 판매직원들과 50대와 60대 판매직원들 간에 판매 실적에 차이가 있다. 이것은 우리 판매인들에 대한 교육과 수수료가 연령대별로 차별화돼야 한다는 것을 나타낸다.'라고 하는 것은 결론이다. '결과'란 차트나 그래프를 보고 이것을 문장으로 바꾸어 이야기한 것뿐이고 '결론'은 왜 그러한 차이가 나고 어떤 내용인지를 설명하는 것이다. 좋은 결론을 내리려면 '내가 무엇을 말하고 싶은지' '어떤 것을 문제로 인식하는지'를 명확하게 아는 것이 중요하다. 그래서 항상 자신이 어떤 목적으로 작업하는지를 기억하면서 그래프나 표를 만들 때부터 각 결과물에 대한 구체적인 결론을 문장으로 한 번씩 써 보는 것이 좋은 훈련 방법이 될 수 있다. 결과로부터 결론을 도출할 때는 어느 정도 상상력도 필요하지만 선입견에 빠져 자신의 해석을 덧붙여서는 안 되며 항상 데이터로 설명해야 한다는 것도 잊지 말아야 한다.

셋째, 결론, 즉 해결방안은 그 결과에 대한 원인에서부터 실행돼야 한다. 최근 매출이 떨어졌다고 하면 흔히들 수수료를 올리자, 홈페이지 접속을 늘리자, 새로운 상품을 출시하자 등의 대책들을 낸다. 하지만 이러한 방안들은 데이터를 토대로 하지 않은 감에서 나온 대책들인 경우가 많다. 매출이 떨어지는 원인을 먼저 분석하고 나서 이에 대한 해결방안을 제안해야 한다. 우리에게는 데이터에서 원인을 찾는 사고방식이 필요하다. 그러기 위해서는 먼저 원인 후보들을 정리해 지표를 결정하고 그 관련성을 알아봐야 한다. 예를 들어 주력상품의 매출이 감소했다면 경쟁사가 가격을 내리기 시작했기 때문이라는 데서 원인을 찾고 뒷받침하기 위해 경쟁사의 가격 인하율 변화를 조사해야 한다. 더 나아가 경쟁사가 가격 인하를 몇 번씩이나 반복하고 있다면 더 자세한 가격 변동률과 매출 변화 데이터를 활용해야 한다.

넷째, 앞에서 가설 세우기에서도 말했듯이 정확한 원인을 찾기 위해서는 '왜?'라는 질문에 익숙해져야 한다. 매출이 감소한 원인이 경쟁사가 가격을 인하했기 때문만은 아닐 것이다. 매장에 방문하는 고객이 감소했을 수도 있고 자사 앱에 접속자가 줄어든 것도 이유일 수 있다. 여기에서 다시 접점 직원이 불친절해서, 응대 직원이 줄어서, 앱의 속도가 느려서 등 자꾸 깊이 파고 들어가 원인을 규명하는 사고방식이 필요하다. 실제 원인 구조는 단순하게만 볼 수 없기 때문에 '왜?'를 반복해야만 좀 더 정확한 해결방안을 도출할 수 있다. 항상 해결방안은 마지막이라는 것을 기억해야 한다.

마지막으로 현장에서 "내 분석이 맞았는지 모르겠어요."라고 고개를 갸웃거릴 때가 많다. 이럴 때 분석 단계별로 문제 발생 소지가 있었는지를 점검하는 것이 좋겠다. 수집 단계에서는 원본 데이터에 오류나 편향이 있는지를 되짚어보고 데이터를 어떤 경로에서 어떻게 수집했는지 살펴본다. 그리고 샘플 데이터를 확인한 후 상식에 비추어 어긋나는 점이 없는지 검증해야 한다. 데이터 가공 과정에서도 다양한 오류와 편향 가능성이 존재한다. 따라서 가공 과정을 상세히 들여다보며 문제점을 파악하고 가공해 정제된 데이터 샘플을 사용해야 한다.

또한 분석을 수행하고 결론을 내는 과정에서 발생할 수 있는 문제도 생각해봐야 한다. 예를 들어 프로젝트 목표와 데이터 성격에 따라 적합한 모델을 선택했는지와 세부 변수를 어떻게 결정했는지 등이다. 정리하자면 올바른 데이터 해석과 문제해결을 위해서는 분석 단계별로 문제점을 점검하고 '왜?'라는 질문에 익숙해지고 원인에서부터 대책을 찾고 실행이 가능한 결론을 도출할 수 있어야 한다.

문제해결 사례

지금까지 데이터 기획, 수집, 관리, 분석 등에 필요한 역량을 데이터 분석 단계별로 다루어보았다. 나도 이러한 분석 단계에 따른 실무를 경험한 적이 있다. 데이터 기획부터 분석까지 일련의 과정을 거치면서 유의미한 시사점을 얻기도 했다. 내가 전사 고객업무 혁신을 맡았을 때다. 전년도부터 고객만족도 조사 점수가 계속 하락하고 있어 원인 파악과 함께 종합적인 고객만족도 조사 점수 향상 대책 수립이 필요했다. 그래서 6개월이라는 기간을 두고 분석 프로젝트를 시작했다.

우선 분석 기획 단계에서는 목적과 문제 정의를 명확히 할 필요가 있었다. 프로젝트 목적은 당연히 '고객만족도의 향상'이었지만 너무나 추상적이기 때문에 좀 더 실천하기 쉬운 것으로 재정립했다. 그래서 '자주 발생하는 고객 불만 해소'라는 구체적인 목표를 내세웠다. 여태껏 고객 관점에서 가입에서 만기까지 거래 단계별 고객 불만을 종합적으로 분석한 사례가 적었기 때문에 문제 정의도 '거래 단계별 고객 불만 요소가 많아 고객만족도가 떨어지고 있다.'라고 했다. 프로젝트의 구체적인 목적과 문제 정의를 기반으로 데이터 수집, 분석 방법, 추진 일정, 참여 인력, 예산, 기대 효과 등을 검토해 '프로젝트 추진계획서'를 작성했다. 이를 최고경영자에게 보고하고 사내 공유회를 가졌다. 이러한 전사적 공감대 형성으로 관련 부서 간 협업이 원활하게 이루어지고 일정 준수가 가능해졌다.

데이터 수집 단계에서는 최근 5년간 고객센터 상담과 불만 접수, 대내외 민원 제기, 대표이사 신경영 핫라인 등 사내외 모든 고객관리시스템voc의 접점 발생 건을 수집했다. 이렇게 데이터를 수집할 수 있었던 것은 좋았지만 문제도 만만치 않았다. 십여만 건의 방대한 데이터도 문제였지만 부서별 불만 코드 입력 유형이 달라서 비슷하게 일치시켜 데이터를 산출하는 것이 가장 큰 어려움이었다. 당연히 자료 산출 전에 불만 코드 유형별 정의와 입력 기준 등에 대한 면밀한 검토가 선행됐다.

데이터 정제와 가공 단계에서도 상당한 시간이 투입됐다. IT 부서로부터 1차 자료 산출을 받아보니 불만 유형이 비어 있는 데이터가 많은데다가 존재하지 않는 엉터리 값도 다수 발견됐다. 당시에는 기술적으로 텍스트 등 비정형 데이터 처리가 어려운 때여서 부득이 오류가 있는 건들은 리스트로 정리해 관련 부서별로 배부했다. 아이 체크Eye-Check를 통해 불만 유형 코드를 다시 수정해 입력하도록 했다. 지금 생각해보면 참 미안한 일이다.

데이터 분석 단계에서는 여러 차례 자료 산출과 수정을 통해 최종 데이터를 기준으로 빈도 분석 등 기술적 분석을 했다. 그 결과 거래 단계별 가장 불만이 많은 '톱 불만 5'를 산출했고 문제해결을 위한 결론에 도달하기 위해 그 원인을 찾기 시작했다. 이때 해당 부서에서는 주관적 해석으로 자칫 방어적으로 대응하기 쉽다. 원인을 분명하고 구체적으로 밝혀주는 게 중요했다. 제도가 잘못인지, 시스템의 미비인지, 사람의 문제인지 등을 반드시 밝히도록 했다. 이렇듯 원인을 객관적으로 찾아놓으니 '거래 단계별 고객 불만 해소 대책 30개 과제'를 상대적으로 쉽게 도출할 수 있었다.

시각화 단계에서는 시각화 자료와 함께 스토리텔링으로 최종 보고서를 작성했다. 거래 단계별로 고객 불만이 가장 많은 것들은 무엇이며 제도, 프로세스, 직원 등 구체적인 원인이 무엇 때문인지를 차트로 표현했다. 아울러 고객 불만이 줄어들게 되면 고객만족도 조사 점수가 몇 점 올라갈 수 있는지 등을 회귀분석 했으며 스토리텔링으로 만들어 보고서를 작성했다.

마지막 실행 단계에서는 30개 과제를 부서별로 실행 책임을 명확히 하고 매월 임원 회의에서 개선 진척도를 해당 임원이 직접 발표하게 했다. 당연히 6개월 후 고객 불만이 크게 줄었고 이듬해 고객만족도 점수 역시 크게 향상됐다.

추가로 빅데이터가 어떤 단계를 거쳐 분석되는지 독자 여러분이 궁금해할 것 같아 예를 들어 살펴보겠다. 주로 빅데이터 분석은 전담부서의 주도로 이루어지지만 분석과제 발굴과 선정, 업무 적용, 성과 모니터링 등 현업과의 소통이 가장 중요하다. 가령 최근 '금융상품 가입 시 유지율을 예측하는 모형'을 수립하는 과제를 추진한다고 가정해보자. 과제 추진을 단계별로 나누어 설명해보겠다. 우선 분석 기획 단계에서는 '고객 유지율을 향상하기 위해 가입 시부터 유지율을 예측해 탈락 예상 계약을 선별한다.'와 같이 과제

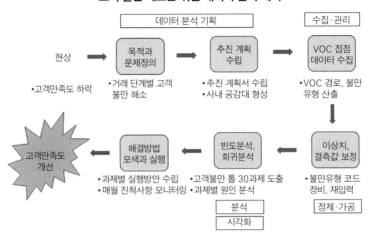

고객 불만 해소를 위한 데이터 분석 예시

데이터 분석 기획 / 수집·관리

현상 → 목적과 문제정의 → 추진 계획 수립 → VOC 접점 데이터 수집

•고객만족도 하락

•거래 단계별 고객 불만 해소

•추진 계획서 수립
•사내 공감대 형성

•VOC 경로, 불만 유형 산출

고객만족도 개선 ← 해결방법 모색과 실행 ← 빈도분석, 회귀분석 ← 이상치, 결측값 보정

•과제별 실행방안 수립
•매월 진척사항 모니터링

•고객불만 톱 30과제 도출
•과제별 원인 분석

•불만유형 코드 정비, 재입력

분석 / 시각화 / 정제·가공

의 목적과 문제 정의를 명확하게 해야 한다. 이후 현업부서와의 긴밀한 협의를 통해 데이터 수집, 모델링 방법, 일정과 참여 인력, 예산 등을 검토한 '과제 추진계획서'를 작성해 최고경영자에게 보고하고 설명회 등을 통해 사내 공감대를 형성하는 것이 좋다. 그리고 데이터 수집 단계에서는 우선 '필요한 데이터들이 무엇인지' 등의 분석 데이터를 정의한 후 원천 데이터를 빅데이터 분석 플랫폼으로 적재해야 한다. 통상 적재된 파일이 너무 방대하면 핵심 변수들 중심으로 분석 데이터 범위를 더욱 좁혀 최종 데이터세트를 구성한다. 데이터 정제와 가공 단계에서는 이상값과 결측값을 제거하고 대체해 데이터의 정확성과 신뢰도를 높이는 작업이 필요하다. 이후 탐색적 데이터 분석EDA, Exploratory Data Analysis을 해 요약과 기술 통계를 기반으로 데이터를 통계적으로 이해하고 변수 적정성을 검토해야 한다. 실제 유지율 예측을 위해서는 개인별 계약사항

외에도 판매 채널, 판매인, 민원 이력 등의 변수 등이 중요하다. 이를 토대로 유지율과 관련된 로지스틱 회귀모델을 수립하고 브라이틱스 등과 같은 솔루션의 머신러닝 알고리즘을 적용해 유지율 예측 모델을 구축한다. 마지막으로 현업부서와 협의해 모델이 적정한지 최종 평가를 수행한 후 분석모델을 배포하고 사용자 교육을 지원한다. 구축된 모델은 현업의 피드백을 수렴해 지속적으로 개선해야 한다. 실제 이 모델은 많은 금융회사가 고객이 상품 가입을 할 때 심사에 참고하도록 활용하고 있다.

5.
데이터 분석에도 챗GPT를
활용하라

챗GPT는 주로 자연어 처리와 텍스트 생성을 위한 모델이다. 인간의 언어를 이해하고 사용자가 텍스트를 입력하는 것에 따라 일관된 응답을 생성할 수 있도록 알고리즘이 만들어져 있다. 따라서 텍스트를 처리하고 단어와 구문의 의미를 분석할 수 있지만 아직까지는 통계 기반의 데이터 분석 도구와 같이 데이터를 직접 분석할 수는 없다.

이러한 한계에도 불구하고 우리는 챗GPT를 활용하여 자연어 처리를 기반으로 다음과 같은 데이터 분석 작업에 도움을 받을 수 있다.[7] 첫째, 데이터 정리에 챗GPT를 활용할 수 있다. 자연어 쿼리를 사용하여 사용자는 누락과 같은 데이터 오류를 식별하고 이를 수정하기 위한 제안을 받을 수 있다. 둘째, 텍스트를 분석하고 분류할 수 있다. 챗GPT의 강점은 자연어 쿼리에 대해 인간과 같이 질문을 이해하고 생성하는 능력에 있다. 따라서 감정 분석이나 주제

모델링과 같은 작업에 활용할 수 있다. 또한 텍스트를 분류할 수 있으며 특정 데이터세트에 대해 학습하여 언어 번역을 수행할 수도 있다. 셋째, 데이터 분석 도구들과 연계하여 활용할 수 있다. 엑셀이나 파이썬 등과 연계하여 통계 결과에 대해 자연어 설명을 생성하거나 데이터 시각화를 위한 코딩을 생성할 수 있다.

필자도 독자 여러분의 이해를 돕고자 데이터 분석 작업과 관련하여 챗GPT-3.5에게 몇 가지 질문을 해보았다. 첫째, 보험업의 핵심 성과지표KPI를 알려달라는 요청에 그림 「챗GPT의 KPI 제시」와 같이 챗GPT는 보험료 총액 등 5가지의 KPI를 제시했다. 둘째, 5가지 KPI에 대한 산출식 질문에 그림 「챗GPT의 KPI 산출식 제시」와 같이 정확한 산출식을 답변했다. 셋째, KPI에 대한 SQL 코딩을 요청했는데 그림 「챗GPT의 KPI에 대한 SQL 코딩 생성」과 같이 각 항목별 SQL 코드를 만들었다. 넷째, 보험 판매 데이터세트를 만들어달라는 요청에는 그림 「챗GPT의 샘플 데이터세트 생성」과 같이 직접 만들 수는 없다는 답변과 함께 별도의 샘플 데이터세트의 예를 들어 설명했다. 다섯째, 생성된 데이터세트의 정보를 요약해달라고 요청했더니 그림 「챗GPT의 샘플 데이터 요약」과 같이 1,000개 데이터 중 연령, 직업, 분포 등을 요약했다. 마지막으로 보험 판매 데이터세트를 만들기 위한 파이썬 코드를 그림 「챗GPT의 데이터세트를 만들기 위한 파이썬 코드 생성」과 같이 만들었다. 물론 챗GPT의 답변 내용이 일부 불명확하거나 틀릴 수도 있으니 예로만 참고하기 바란다. 독자 여러분도 챗GPT가 데이터 분석에 어디까지 활용될 수 있는지를 테스트해보기 바란다.

챗GPT의 KPI 제시

 재원　보험업의 핵심 kpi를 알려줘

보험업의 핵심 KPI(Key Performance Indicators)는 다음과 같습니다.

1. 보험료 총액: 보험회사가 모든 보험상품에서 받은 보험료의 총액입니다. 이는 보험회사의 매출을 측정하는 중요한 지표입니다.
2. 보험금 지급율: 보험회사가 받은 보험금 중 실제로 지급한 보험금의 비율입니다. 이는 보험회사의 신뢰성과 신뢰도를 평가하는 중요한 지표입니다.
3. 적립금 총액: 보험회사가 고객들로부터 모은 보험료 중 일부를 예치하여 적립해둔 금액입니다. 이는 보험회사의 재무상태를 평가하는 중요한 지표입니다.
4. 손해율: 보험회사가 받은 보험금 중에서 보험사고로 인한 손해로 인해 지급한 보험금의 비율입니다. 이는 보험상품의 위험성과 보험회사의 손해관리 능력을 평가하는 중요한 지표입니다.
5. 유지보험료율: 보험회사의 고객들이 유지하고 있는 보험상품의 비율입니다. 이는 고객 충성도와 보험회사의 매출 안정성을 평가하는 중요한 지표입니다.

이러한 KPI를 적절히 활용하여 보험회사는 자사의 업무를 평가하고, 문제점을 파악하고, 개선 방안을 모색하며, 지속적으로 경영 성과를 개선할 수 있습니다.

챗GPT의 KPI 산출식 제시

 재원　5가지 핵심kpi에 대한 산출식을 알려줘

각각의 KPI에 대한 산출식은 다음과 같습니다.

1. 보험료 총액:
   - (보험상품별 보험료 × 가입자 수)의 총합
2. 보험금 지급율:
   - (실제 지급한 보험금 ÷ 받은 보험료) × 100
3. 적립금 총액:
   - (고객이 예치한 보험료 × 예치 기간)의 총합
4. 손해율:
   - (지급한 손해 보험금 ÷ 받은 보험료) × 100
5. 유지보험료율:
   - (유지 중인 보험상품 수 ÷ 총 가입한 보험상품 수) × 100

각각의 KPI는 보험회사의 경영 성과를 평가하고, 개선 방안을 모색하는 데 중요한 역할을 합니다. 산출식을 통해 이러한 지표들을 정확하게 산출하고 분석하여 보험회사의 경영 전략을 수립하고, 향후 성장을 위한 대책을 마련하는 데 활용할 수 있습니다.

챗GPT의 KPI에 대한 SQL 코딩 생성

 KPI에 대한 SQL 코드에서 수식 예제를 구해줘

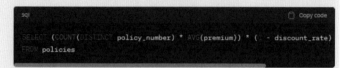 다음은 Premiums Written KPI에 대한 SQL 코드 예제입니다. 이 코드는 발행 보험 상품의 수와 평균 보험료를 곱하여 할인을 적용한 총 보험료 수입을 계산합니다.

```sql
SELECT (COUNT(DISTINCT policy_number) * AVG(premium)) * ( - discount_rate)
FROM policies
```

Claims Ratio KPI에 대한 SQL 코드 예제입니다. 이 코드는 보험금 지급액을 보험료 수입 총액으로 나누어 보험금 지급 비율을 계산합니다.

```scss
SELECT SUM(claims_paid) / SUM(premiums_collected) AS claims_ratio
FROM claims
```

Combined Ratio KPI에 대한 SQL 코드 예제입니다. 이 코드는 손해율과 경비율을 합하여 100을 곱하여 Combined Ratio를 계산합니다.

```scss
SELECT (SUM(claims_paid) / SUM(premiums_collected) + SUM(expenses) / SUM(pre
FROM claims
```

Retention Ratio KPI에 대한 SQL 코드 예제입니다. 이 코드는 보유한 보험 가입자 수를 총 고객 수로 나누어 보유율을 계산합니다.

```sql
SELECT (COUNT(DISTINCT policyholder_id) / COUNT(DISTINCT customer_id)) *
FROM policies
```

Net Promoter Score KPI에 대한 SQL 코드 예제는 없습니다. NPS는 고객 만족도 조사 결과를 기반으로 측정되는 지표이므로, 보통 별도의 조사를 실시하거나 고객 만족도 조사 결과를 다른 시스템에서 가져와 계산합니다.

챗GPT의 샘플 데이터세트 생성

 보험 판매데이터 세트의 예를 10개 만들어줘

죄송합니다. 하지만 저는 데이터를 생성할 수 없습니다. 하지만 일반적으로 보험 판매 데이터는 다음과 같은 형식으로 구성될 수 있습니다.

1. 가입자 정보:
   - 이름: ○○○
   - 생년월일: 0000년 0월 0일
   - 성별: 남성
   - 주소: 서울특별시 ○○구 ○○동
2. 보험 상품 정보:
   - 상품명: 안전보험
   - 상품 유형: 일반보험
   - 보장 범위: 질병 및 상해
   - 보장 금액: 1억 원
3. 가입 정보:
   - 가입 일자: 2022년 1월 1일
   - 보험료: 20만 원/년
   - 보험 기간: 1년
   - 보험 금액: 1억 원
   - 보장 범위: 질병 및 상해
4. 보험 청구 정보:
   - 청구 일자: 2022년 6월 15일
   - 손해 금액: 500만 원
   - 보험금 지급 여부: 지급 대기 중

위의 예시를 기반으로 하여 다양한 가입자 정보, 보험 상품 정보, 가입 정보, 보험 청구 정보를 생성하여 보험 판매 데이터 세트를 만들 수 있습니다. 데이터를 생성하는 방법은 앞서 말씀드린 것과 같이 Python의 `Faker` 라이브러리나 데이터베이스 관리 시스템(DBMS)을 사용하여 가짜 데이터를 생성할 수 있습니다.

챗GPT의 샘플 데이터 요약

위 데이터세트 예를 들어 정보를 요약해줘

생성된 보험 판매 데이터 세트를 요약하면 다음과 같습니다.

- 총 1000건의 보험 가입 정보가 포함되어 있습니다.
- 고객 정보는 100명이며, 나이는 20-69세까지 다양하게 분포되어 있습니다.
- 고객 직업은 학생, 직장인, 자영업, 주부로 구성되어 있습니다.
- 보험 상품은 총 5종류가 있으며, 자동차보험, 화재보험, 여행보험, 건강보험, 실손의료보험 이 포함되어 있습니다.
- 보험 상품 가격은 1만원부터 15만원까지 다양하게 분포되어 있습니다.
- 보험 가입일은 2021년 1월 1일부터 2022년 12월 31일까지의 기간 내에서 랜덤하게 지정되었 습니다.
- 보험 가입금액은 1만원부터 100만원까지 다양하게 분포되어 있습니다.

이와 같은 요약 정보를 통해 데이터의 대략적인 특성을 파악할 수 있습니다.

챗GPT의 데이터세트를 만들기 위한 파이썬 코드 생성

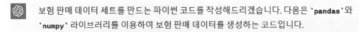 보험판매 데이터 세트를 만들기 위한 파이선 코드를 짜줘

보험 판매 데이터 세트를 만드는 파이썬 코드를 작성해드리겠습니다. 다음은 `pandas`와
`numpy` 라이브러리를 이용하여 보험 판매 데이터를 생성하는 코드입니다.

```python
import pandas as pd
import numpy as np

# 보험 상품 정보 데이터 생성
product_data = pd.DataFrame({
    'product_id': ['P001', 'P002', 'P003', 'P004', 'P005'],
    'product_name': ['자동차보험', '화재보험', '여행보험', '건강보험', '실손의료보
    'product_category': ['자동차보험', '화재보험', '여행보험', '건강보험', '의료보
    'product_price': [100000, 50000, 30000, 20000, 150000]
})

# 고객 정보 데이터 생성
customer_data = pd.DataFrame({
    'customer_id': range(1, 101),
    'customer_name': ['고객{}'.format(i) for i in range(1, 101)],
    'age': np.random.randint(20, 70, size=100),
    'gender': np.random.choice(['남성', '여성'], size=100),
    'job': np.random.choice(['학생', '직장인', '자영업', '주부'], size=100)
})

# 보험 가입 정보 데이터 생성
policy_data = pd.DataFrame({
    'policy_id': range(1, 1001),
    'customer_id': np.random.choice(customer_data['customer_id'], size=1000
    'product_id': np.random.choice(product_data['product_id'], size=1000),
    'policy_date': pd.date_range(start='2021-01-01', end='2022-12-31', peric
    'policy_price': np.random.randint(10000, 1000000, size=1000)
})

# 데이터 병합
insurance_data = pd.merge(policy_data, customer_data, on='customer_id', how=
insurance_data = pd.merge(insurance_data, product_data, on='product_id', how

# 결과 출력
print(insurance_data.head())
```

위 코드를 실행하면 보험 가입 정보, 고객 정보, 보험 상품 정보를 포함한 보험 판매 데이터 세트
가 생성됩니다. 이렇게 생성된 데이터를 활용하여 다양한 분석 작업을 수행할 수 있습니다.

12장

백 개의 숫자보다 한 개의 그림이 낫다

1.

왜 데이터 시각화가 중요할까

데이터 분석 기획	데이터 수집·관리	데이터 분석	데이터 시각화

　1812년 나폴레옹은 모스크바를 점령하기 위해 병사 47만 명을 이끌고 출발했으나 고작 1만 명만이 돌아왔다. 1869년에 프랑스의 토목기사 샤를 조지프 미나르가 그린 나폴레옹 진군 맵은 역사상 가장 유명한 데이터 시각화의 사례 중 하나가 됐다. 지도에서 보면 선의 넓이는 군인 수를 나타내고 노란색은 모스크바로의 출정이고 검은색은 복귀를 표시한다. 중앙 하단에는 간단한 온도 라인 그래프가 있어 급속히 떨어지는 추운 겨울의 기온도 보여준다. 이 차트는 전쟁의 여정이 얼마나 끔찍했는지를 아주 효율적이고 자세하게 한 장에 담고 있다.

　1854년 영국 런던 브로드 가의 콜레라 발병 맵도 놀라운 시각화

1869년에 제작된 나폴레옹 진군 맵[1]

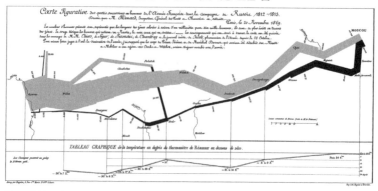

(출처: Tableau)

의 힘을 보여준다. 콜레라 발병 맵은 런던 지역 각 주택에 콜레라로 사망한 인원수를 표시하기 위해 도시 구역에 작은 막대그래프를 사용했다. 특정 도시 구역에 이 막대그래프의 길이와 집중도를 통해 사망 추세가 왜 다른 곳보다 높은지를 알아내려고 했던 것이다. 그 결과는 놀라웠다. 완전히 새로운 사실을 발견한 것이다. 콜레라의 피해를 가장 많이 입은 주택들은 모두 같은 우물을 식수로 사용하고 있었고 그 우물이 하수로 오염됐던 것이다. 이러한 발견 사실을 런던의 콜레라 발병 지역에 더 넓게 적용하자 그 관계가 더욱 분명해졌다. 그 후 하수도 시스템을 구축해 우물을 오염되지 않게 보호하는 것이 콜레라 예방 대책이 됐다.

통계 기법, 데이터마이닝, 머신러닝 등을 통해 데이터를 분석했다면 그 결과를 쉽게 이해할 수 있도록 시각화할 필요가 있다. 인간은 매우 시각적인 동물로 감각기관을 통해 획득하는 정보의 80% 이상을 시각을 통해 얻는다고 한다. 그만큼 우리에게 시각이 중요

1854년에 제작된 영국 런던 브로드 가의 콜레라 발병 맵[1]

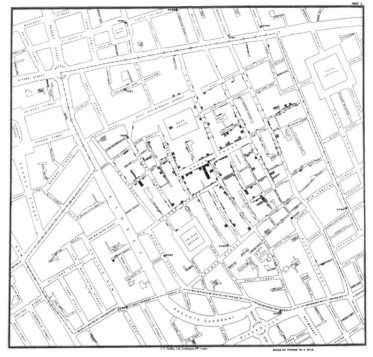

(출처: Tableau)

하다는 의미다. 데이터 시각화란 데이터를 지식화하기 위한 과정이다. 데이터 분석 결과를 사용자가 쉽게 이해할 수 있도록 시각적 수단을 통해 제시하는 것이다. 즉 그래프, 차트, 인포그래픽 등 직관적이고 효과적인 방식으로 데이터를 표현하는 것을 말한다.

데이터를 시각화하면 다음과 같은 장점이 있다. 첫째, 많은 양의 데이터를 한눈에 파악할 수 있다. 엑셀 작업을 하다 보면 데이터의 양이 너무 많아서 한 화면에 들어오지 않는 경우가 많다. 시각화는 이와 같은 많은 양의 데이터를 요약해서 한눈에 파악할 수 있도록

알베르토 카이로의 데이터사우르스[1]

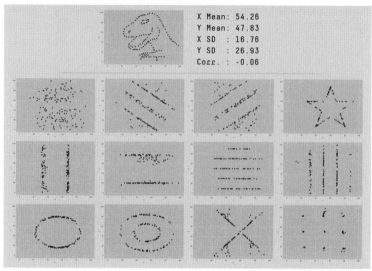

(출처: 오토데스크)

해 정보 습득 시간이 단축된다. 빅데이터 시대에는 이처럼 '한눈에' 들어오는 데이터가 경쟁력이 될 수 있다. 둘째, 누구나 쉽게 통찰할 수 있다. 전문적인 기술 없이도 차트에 있는 도형 크기, 색 농도, 위치 정도를 바탕으로 데이터를 비교하거나 분포를 파악하고 관련성을 찾을 수 있다. 이렇게 시각화된 차트는 데이터가 의미하는 바를 쉽게 찾을 수 있도록 돕는다. 셋째, 더 정확한 데이터 분석 결과를 도출할 수 있다. 많은 사람이 데이터 시각화를 분석 결과를 보여주는 용도로만 생각하지만 정확한 분석을 위한 데이터 탐색 방법으로도 효과적으로 활용할 수 있다.

위의 그림은 알베르토 카이로Alberto Cairo의 데이터세트인 데이터사우르스Datasaurus인데 요약 통계를 공룡 모양으로 시각화한 것이다. 그림을 보면 소수점 두 자릿수 기준으로 동일한 요약 통계를 갖는 12개의 데이터세트를 시각화했을 때 시각적 패턴이 모두 다르다는 것을 알 수 있다. 알베르토 카이로는 요약 통계만 의존하지 말고 데이터를 시각화하라고 주장한다.

넷째, 데이터 통찰력을 구성원들에게 효과적으로 공유할 수 있다. 시각화된 데이터는 사람들의 머릿속에 빠르게 인지되기 때문에 보고서, 파워포인트, 대시보드 등에 삽입된 시각화 차트는 메시지 전달 효과를 배가한다. 특히 조직 내 전문적인 데이터 분석 기술이 없는 사람들도 데이터 활용이 가능해 데이터를 근거로 의사결정을 하고 발견하지 못했던 새로운 기회를 찾을 수도 있다.

최근에는 정부의 데이터 개방 포털에 접속해 개인이 보유한 데이터를 활용해 시각화 차트를 만들 수 있다. 다음 그림은 한국개발연구원KDI의 '코로나19 이후 변화된 삶-다양한 지표를 통해 알아보는 달라진 우리 경제 사회 문화'가 제공하는 시각화 자료다. 이 사이트에 들어가면 코로나19로 인한 영향을 쉽게 파악할 수 있도록 다양한 유형의 시각화 차트를 제공하고 있다. 이외에도 행정안전부에서 제공하는 서비스인 공공데이터포털(www.data.go.kr)과 통계청에서 제공하는 통계지리정보서비스(sgis.kostat.go.kr)에서도 많은 시각화 자료를 찾아볼 수 있다. 일상생활에서도 뉴스나 신문을 통해 인포그래픽 등을 활용한 데이터 시각화와 스토리텔링을 매일 보고 있다. 데이터 분석가가 아니더라도 우리가 데이터 시각화에 대해 알아야 하는 이유다.

또한 많은 기업이 차트와 표 등으로 구성된 데이터 대시보드를

코로나19 지역별 누적 확진자 현황[2]

(출처: KDI)

통해 핵심성과지표KPI를 체크도 하고 데이터 시각화 기반 마케팅을 활성화하고 있다. 데이터를 기반으로 비즈니스 의사결정을 내려야 할 때 대시보드가 중요한 역할을 할 수 있다.[3] 핵심성과지표를 심층 분석하거나, 과거와 현재 데이터를 단일 화면에 표시하거나, 부서 또는 회사의 실적 개요를 보여줄 때 대시보드를 사용하면 중요한 정보의 전체 개요를 쉽게 파악할 수 있다.

대시보드를 활용할 수 있는 몇 가지 예를 살펴보자. 먼저 경영진을 위한 데이터 기반 의사결정에 활용할 수 있다. 최고경영진은 데이터를 잘 파악하고 있어야 한다. 대시보드는 목표 대비 실제 수익의 추세를 명확하게 시각화할 수 있고 고객 유형별 수익, 고객 획득 비용, 신규 고객 수 등과 관련된 통계를 보여줄 수 있다. 이를 통해 최고경영진은 신속한 의사결정을 수행해 프로세스를 훨씬 빠르고 효과적으로 구축할 수 있다. 판매와 주문 대시보드는 소매나 유통 분야에서 데이터 기반 의사결정에 자주 활용된다. 예를 들어 고객당 평균 주문, 총주문량, 최고 판매 실적자, 반품 사유 등의 통계를 통해 소비자 행동은 물론 상품 반품 이유, 연중 피크 시기 등을 파악할 수 있다.

대시보드는 핵심성과지표에도 사용할 수 있다. 의료 분야의 예를 들자면 대시보드는 재입원율, 간호사 대 환자 비율, 환자 재원 등의 다양한 핵심성과지표를 보여줌으로써 일상적인 의료 활동을 지원한다. 또한 시각적인 재무 보고서에도 유용하다. 자산과 부채에 기반한 포괄적 정보를 통해 조직의 재무 건전성에 영향을 미치는 결정을 정확하게 내릴 수 있다. 수익성, 유동성, 지급여력 등을 비롯한 중요한 재무 사항에 대해 한눈에 통찰할 수 있어 잠재 재무 비효율성을 신속하게 파악할 수 있다. 대시보드는 판매 전략 수립에도 활용할 수 있다. 교차판매나 상향판매 전략을 최적화하고 마케팅과 판매 비용을 정확하게 분석하고 수익을 모니터링하는 등 판매 데이터를 시각화해 대시보드를 만들 수 있다.

데이터의 시각적 패턴 그 자체를 예술로 보는 데이터 아트도 최근 두각을 나타내고 있다. 구글의 크리에이티브 디렉터 에런 코블린Aaron Koblin은 대량의 온라인 데이터를 활용해 북미 대륙의 항공편 경로를 시간의 흐름에 따라 한눈에 볼 수 있는 '플라이트 패턴 Flight Patterns'이라는 작품을 만들었다. 나탈리 미에바크Nathalie Miebach는 거대한 폭풍의 기상 데이터를 정교한 시각화 조각으로 바꾸는 데이터 아티스트로 유명하다. 날씨, 온도, 풍속과 해수 흐름의 정확한 패턴을 기반으로 하는 조각품들은 현악 4중주 연주를 위한 악보가 되기도 한다. 그녀는 조각과 음악을 사용해 데이터를 시각과 청각으로 바꾸고 있다. 이렇듯 데이터 시각화는 데이터가 존재하는 여러 분야에서 데이터 분석과 통찰의 도출을 위해 적용되고 있다.

2.
시각화를 제대로 활용하자

데이터를 시각적 표현으로 한다는 것은 어떤 의미일까? 먼저 크기를 통해 면적이나 도형을 확대하거나 축소하는 경우를 뜻한다. 그리고 색상으로 규칙성과 특이성을 구분하기도 한다. 또는 위치를 이용해 지도나 가상의 장소화 데이터를 연결하기도 하고, 각 데이터를 점으로 연결해 서로의 관계를 표현하고, 시간 순서에 따라서 데이터를 나열하기도 한다. 시각화는 선이나 지도, 다이어그램, 트리 등에 이러한 표현 방법을 그려서 넣는 것이다. 현장에서 쉽게 사용할 수 있는 시각화 기법은 크게 5가지가 있다.

첫째, 시간 시각화 기법은 시간과 관련된 데이터를 전달하고자 할 때 사용된다. 시간 시각화는 주로 인구 분포, 주가, 상품별 매출 실적 등과 같은 시계열 데이터의 변화를 표현한 것이다. 트렌드를 알기 위해 개별 측정 데이터보다는 전체적인 변화의 추이에 초점을 맞춘다. 이와 함께 눈에 띄는 특정 구간이 있는지, 급격하게 데

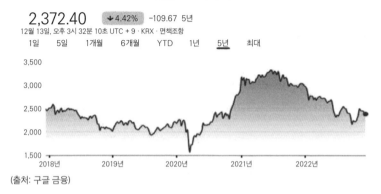

연간 코스피 추이

2,372.40　↓4.42%　-109.67　5년
12월 13일, 오후 3시 32분 10초 UTC + 9 · KRX · 면책조항

1일　5일　1개월　6개월　YTD　1년　<u>5년</u>　최대

(출처: 구글 금융)

이터가 증가하거나 감소된 구간이 있는지, 일정한 패턴이 있는지 등의 여부를 확인할 수 있다. 시간 시각화는 주로 막대그래프, 누적 막대그래프, 점그래프 등으로 표시될 수 있다. 위의 그림은 최근 1년간의 코스피 지수의 추이를 한눈에 파악할 수 있도록 시간 시각화 기법으로 나타낸 것이다.

둘째, 분포 시각화 기법으로 데이터의 전체적인 분포를 확인하기 위한 방식이다. 분포 시각화 자료를 통해 데이터들의 최소, 최대, 전체 분포를 확인할 수 있다. 분포 시각화에는 파이 차트, 트리맵 차트, 도넛 차트, 누적 연속 그래프 등이 사용된다. 다음 그림은 정신건강의학과 내원 환자 중 코로나 팬데믹과 연관된 심리적 고통을 호소하는 정도를 파이 차트로 보기 쉽게 나타냈다.

셋째, 관계 시각화다. 집단 간에 유사점이 존재하는지, 집단 간에 상관관계가 있는지, 특정 집단 내 소집단이 있는지 등의 여부를 관계 시각화를 통해 확인할 수 있다. 관계 시각화에는 버블 차트, 히

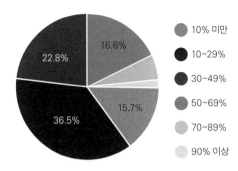

코로나19 심리적 고통 호소 정도[4]

- 10% 미만
- 10~29%
- 30~49%
- 50~69%
- 70~89%
- 90% 이상

16.6%
22.8%
15.7%
36.5%

(출처: 대한정신건강의학과의사회)

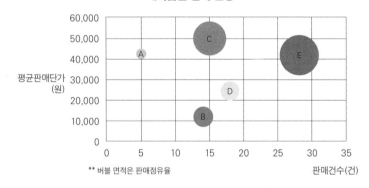

대리점별 판매 현황

평균판매단가
(원)

판매건수(건)

** 버블 면적은 판매점유율

스토그램, 산점도 등이 사용되는데 그중 버블 차트가 주로 많이 사용되고 있다. 관계 시각화는 주로 조직별 판매 건수, 시도별 인구밀집도, 모델별 성능 결과 등을 표현하는 데 유리하다. 참고로 위의 그림은 대리점별 판매 현황을 보여주는 버블 차트다.

넷째, 비교 시각화 기법으로 한 개 이상의 변수를 기준으로 대상을 비교할 수 있는 기법이다. 비교 대상이 많아지거나 비교 변수의 개수가 늘어날 때 사용하면 전체 데이터를 한눈에 볼 수 있다. 값

장마 시즌 중 강수일수[5]

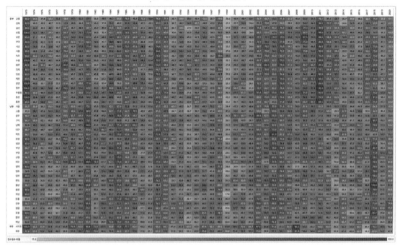

(출처: 뉴스젤리)

을 색깔로 나타내어 표로 도식화하는 히트맵 또는 히트 행렬이 비교 시각화 기법에 주로 사용된다. 위의 그림은 우리나라 지역별 장마 시즌 중 강수일수를 히트맵으로 나타낸 것이다.

　마지막으로 공간 시각화 기법은 맵핑 방식을 통해 구현된다. 지도에 시간 단위의 값을 맵핑하거나 분류 값들을 맵핑하는 방식이다. 지도는 거리와 위치에 대한 직관적 정보를 내포하고 있어 위치와 색상이 명확히 구분되고 정확한 위치에 라벨링이 된 시각화 결과를 만들어낼 수 있다. 예를 들어 시간 변수를 반영해 애니메이션으로 특정 지역의 경제 성장 또는 쇠퇴를 시각화할 수 있다. 다음 그림은 서울시 구별 소셜 네트워크 서비스 데이터의 분포를 지도를 통해 보여주고 있다. 파이 차트를 덧붙여 해당 구의 소셜 네트워크 서비스 데이터의 총건수에서 유튜브 등이 차지하는 비율을

서울시 구별 소셜 네트워크 서비스 데이터 분포[6]

(출처: 서양모·김원균, 2015, 공간 빅데이터를 위한 정보 시각화 방법)

동시에 보여준다.

엑셀에서도 데이터 시각화를 위해 다양한 차트 작성 기능을 제공하고 있다. 내가 실무에서 자주 쓰는 다섯 가지 차트를 소개하겠다. 첫째, 막대형(가로, 세로) 차트는 두 가지 이상의 변수 간 데이터를 비교할 때 유용하다. 둘째, 선 그래프는 데이터의 트렌드와 패턴을 쉽게 파악할 수 있다. 셋째, 파이 차트인데 나눗셈을 사용해 통계적 비율을 원형으로 나타낸다. 파이의 조각이 클수록 표현이 더 커지고 더 일반적으로 중요도가 높아진다. 넷째, 차트와 그래프를 결합할 수도 있다. 예를 들어 꺾은 선형 그래프와 세로 막대형 차트를 같이 사용해 월별 매출(꺾은 선)과 수익(세로 막대)을 동시에 볼 수 있다. 다섯째, 누적 차트다. 막대형 차트와 유사하지만 한 개의 막대에 두 개 이상의 값, 예를 들어 매출과 수익 등을 표현할 수 있다.

3.
시각화도 의사소통이 우선이다

　기업에서 데이터 활용 능력의 진정한 목표는 모든 부서에서 모든 사람이 데이터에 접근할 수 있도록 하는 것이다. 데이터 시각화는 데이터 접근성을 높이는 데 상당히 효과적이다. 다양한 시각적 표현을 통해 유용한 의미를 추론할 수 있게 한다면 데이터를 더 쉽게 소비하고 활용할 수 있을 것이다. 그래서 최근에는 데이터 시각화에 관심이 많고 시도를 많이 하고 있다. 그만큼 주의해야 할 것도 있다.

　요즘 데이터 시각화가 정보 전달의 유용한 도구로 자리잡아 일반인들 사이에서도 널리 쓰이고 있다. 하지만 효율적인 만큼 잘못된 정보를 전달하기도 쉽다. 무엇보다 중요한 것은 바로 왜곡이 없는지 확인해야 한다는 점이다. 다음 그림의 두 그래프를 살펴보자. 둘 중 잘못된 차트는 무엇일까? 바로 오른쪽이다. Y축의 시작 값이 달라서 생기는 문제다. 왼쪽 그래프의 Y축 시작 값은 1,000,000이

막대 차트의 오류

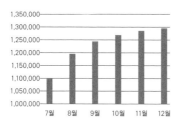 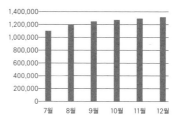

원 그래프의 오류

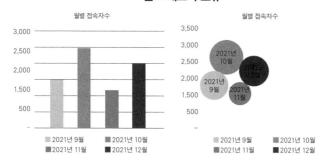

다. 반면 오른쪽 그래프의 Y축 시작 값은 0이다. 두 그래프 모두 똑같은 데이터를 입력한 그래프이지만 오른쪽 그래프는 월별 매출액 차이가 거의 없어 보인다.

또 다른 사례를 보자. 위의 하단 그림은 동일한 데이터를 막대 차트와 버블 차트로 그린 것이다. 막대 차트는 Y축 값으로 데이터 크기 차이를 알 수 있는 동시에 막대 길이를 기준으로 대략 얼마나 차이가 나는지 쉽게 알 수 있다. 하지만 원으로 데이터 크기를 비교할 때는 '면적' 기준으로 비교하게 되기 때문에 데이터 크기 차이를 알기가 어렵다. 막대 차트에서 살펴본 10월 데이터와 12월 데이터를 원으로 보았을 때 얼마나 더 큰지 명확하게 판단하기가 어렵다. 원의 크기로 데이터를 비교하는 것은 다른 시각화 방식으로 비교하는 것보다 더 어렵다.

데이터를 시각화하는 이유는 데이터의 의미를 쉽게 전달하기 위해서다. 그 과정에서 왜곡의 소지가 있어서는 안 된다. 데이터를 시각화하거나 시각화한 자료를 볼 때 데이터가 왜곡될 소지가 없는지를 반드시 확인해야 한다. 데이터 시각화 전문가 에드워드 터프트Edward Tufte는 데이터 시각화의 8가지 원칙을 제시하고 있다.

1. 데이터 그 자체를 보여주는 것이 중요하다.
2. 화려한 그래픽과 시각화 방법에 너무 집중하지 않게 한다.
3. 데이터 자체가 말하고자 하는 바를 왜곡하지 말아야 한다.
4. 작은 화면에 너무 많은 숫자나 문자를 보여주지 말라.
5. 아무리 많은 양의 데이터도 일관성이 있어야 한다.
6. 서로 다른 데이터를 손쉽게 비교할 수 있게 한다.
7. 몇 단계로 깊이 들어가 살펴볼 수 있어야 한다.
8. 통계 결과나 시각화를 데이터로 설명해야 한다.

그 외에 내가 실무에서 경험하고 깨달은 것이 2가지다. 하나는 차트나 그래프를 읽을 때 항상 왼쪽에서 오른쪽으로 그리고 위에서 아래로 읽을 것으로 추측할 수 있지만 항상 그런 것은 아니다. 우리의 시선은 극단적인 위치, 모양, 가장 밝은색 등에 먼저 눈길이 간다. 강조하고자 하는 부분은 독특한 이미지나 날카로운 모서리, 밝은색 등을 통해서 상대방의 시선을 사로잡을 수 있다. 따라서 사람들의 시선이 움직이는 경로와 본인이 강조할 부분을 미리 고려해 차트의 위치, 모양, 색상 등을 선택해야 한다.

또 하나는 사람들이 관습적으로 생각하는 것도 놓치지 말아야 한다. 예를 들어 사람들은 빨간색이나 검은색은 부정적으로 보고 녹색이나 파란색은 긍정적으로 생각하는 경향이 있다. 또한 뜨거운 것은 빨간색이고 차가운 것은 파란색이라는 생각이 은연중에 머리에 박혀 있다. 이와 반대의 색상을 사용하면 기존 관습과 대치돼 보는 사람들이 이해하기가 어려워지게 마련이다. 글을 잘 쓰려면 많이 읽고 많이 쓰고 많이 생각하라는 말이 있다. 시각화도 비슷하다. 좋은 그림을 많이 보고 많이 그려보고 많이 생각해보는 것이 전부다. 이 10가지의 팁에 따라 데이터를 시각화한다면 좀 더 효과적으로 의사소통을 할 수 있을 것이다.

4.
데이터에 스토리텔링을 더하라

　데이터 시각화와 연결해 장점을 더 극대화하는 방법이 있다. 바로 스토리를 갖는 것이다. 데이터를 시각화하더라도 스토리가 없으면 일반 직원들이나 의사결정자들은 그 가치를 쉽게 알아보기 어렵다. 스티브 잡스의 강연에서 사용되는 스킬을 보면 프레젠테이션이 단순해서만 열광하는 것이 아니다. 신제품의 소개와 런칭 현장에 스토리를 가미했기 때문에 청중에게 더욱 의미 있게 다가갔다.

　스토리를 가진 정보는 그렇지 않은 정보보다 훨씬 침투력이 강하다. 그래서 스토리텔링이야말로 데이터를 활용해 커뮤니케이션하는 가장 진화된 형태다. 다음 그래프는 '미군 사망자 중 전사자보다 자살자의 숫자가 많다.'라는 결과의 발표인데 스토리텔링의 좋은 흐름을 보여주고 있다.

　미국 국방성의 자료를 바탕으로 만들어진 11개의 데이터는 '전

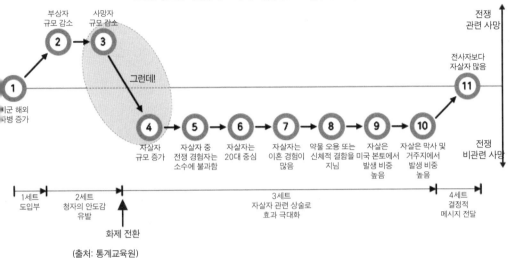

스토리텔링 '전쟁터보다 무서운 것은 마음의 병이다'[7]

(출처: 통계교육원)

쟁터보다 무서운 것은 마음의 병이다.'라는 메시지를 더욱 극적으로 전달하기 위해 스토리를 형성하며 이해하기 쉽게 배열됐다. 이 스토리의 흐름은 4세트로 나뉜다.

① 미군의 해외 파병이 증가했으나 사망자와 부상자 수는 규모가 감소하는 추세다.

② 그러나 자살자의 숫자는 오히려 증가하고 있으며 자살자 중 전쟁을 경험한 사람은 소수에 불과하다.

③ 자살자들은 이혼이나 약물 오용, 신체적 결함 등의 이유가 있으며 자살은 미국과 미군 내에서 발생 비중이 높다.

④ 결과적으로 보면 '미군 전사자보다 미군 자살자가 많다.'

사실 미군 자살의 심각성은 11번째 데이터인 '미군 전사자와 자살자 규모의 역전'만으로도 무리 없이 전달할 수 있다. 하지만 같은 메시지라도 더 극적으로 전달하기 위해 나머지 데이터들을 활용해 전달 효과를 극대화하고 있다.

데이터와 스토리를 함께 활용하면 지적 측면과 정서적 측면 모두에서 다른 사람들과 공감할 수 있다. 이 과정에서 시각화 도표들은 사람들의 머릿속에 강렬히 기억돼 데이터 스토리텔링이 전하는 메시지에 힘을 한층 더 실어준다. 의사결정자들은 전체 데이터를 학습하지 않고도 신속하게 의사결정을 내릴 수 있다. 또한 데이터 스토리를 같이 논의하고 비판적으로 사고함으로써 조직의 데이터 리터러시 수준을 더 높게 끌어올릴 수 있게 된다.

우리나라의 사례를 하나 더 들어보자. 2021 한국 데이터저널리즘 어워드에서 '소멸의 땅, 지방은 어떻게 사라지나'라는 프로젝트가 데이터 시각화 대상을 받았다. 이 프로젝트는 수도권의 인구 집중 문제로 인한 지방의 소멸 위기를 주제로 한 콘텐츠다. 일본을 포함해서 지방 17곳을 직접 취재해 지방 소멸 위기의 현실을 현장 취재했다. 취재진은 데이터를 활용해 '2020년 지방소멸 위험 지도'를 만들었다. 이 콘텐츠는 도시 절반이 소멸 위험에 직면한 일본의 사례를 들며 심각성을 일깨우고 지방의 실제 모습을 취재해 '지방소멸 위기가 심각하다'는 현 상황을 강력하게 전달했다. 데이터를 기반으로 누구나 수긍할 수 있는 탄탄한 스토리 라인을 전개해 주장에 설득력을 더한 것이다. 또한 방송 화면은 스크롤링을 통해 전체 스토리를 인지할 수 있도록 구성됐다. 스크롤링에 따라 데

2020년 지방소멸 위험 지도[8]

소멸위험지수
- 0.2 미만(소멸 고위험지역)
- 0.2 이상 0.5 미만(소멸위험진입단계)
- 0.5 이상 1.0 미만(소멸 주의단계)
- 1.0 이상 1.5 미만(소멸위험 보통)
- 1.5 이상(소멸위험 매우 낮음)

(출처: KBS 시사기획 창, 2021. 4. 4, '소멸의 땅' 지방은 어떻게 사라지나)

이터 시각화 화면이 나타나 집중도를 높여 지루하게 느껴지지 않는다.

그렇다면 현업에서 데이터를 분석해 보고 등을 할 때 데이터 스토리텔링 능력을 어떻게 하면 더 높일 수 있을까?

첫째, 데이터를 정리해 본인만의 관점으로 표현해본다. 메시지 전달자가 명확한 입장을 정하고 데이터에 자기만의 관점을 담아서 이야기하지 못하면 아무리 좋은 데이터라고 하더라도 상대방의 행동을 유도하지 못한다.

둘째, 단순 나열보다는 기승전결 흐름으로 이야기한다. 우선 전반부에서는 상황 설명을 시작해 상황 파악을 통해 해결해야 할 문제를 발견하게 한다. 중간부에는 변화가 필요한 데이터를 제시하고 제안이 실행되면 어떻게 달라질지 지표를 보여준다. 후반부에는 제안을 받아들일 때 어떤 지표를 성장시킬 수 있고 어떤 좋은 결말이 날지 보여준다.

셋째, 교훈을 포함하면 감동이 배가 된다. 클릭의 최고데이터책임자CDO인 조 도스 산토스Joe DosSantos는 데이터와 스토리를 우화로 엮는 방법을 권장한다. 그러기 위해서 이야기의 주인공과 같이 스토리를 개인화하고 주인공이 피할 수 없는 일을 겪는 것처럼 긴장감을 불어넣어야 한다. 우화가 그렇듯이 결론에는 기억에 남는 교훈을 포함하는 것이다.

넷째, 데이터 스토리가 완성됐다면 중요한 데이터가 돋보이게 하고 쉽게 읽히도록 구성한다. 가독성 높은 차트나 그래프를 상황에 맞게 선택하고 거기에 맞는 설명글을 작성하는 것이 중요하다. 또한 슬라이드 문서는 한 장에 하나의 개념만을 포함해 일목요연하게 구성하는 것이 좋다. 이해하기 어려운 크기와 단위 데이터가 있다면 익숙한 대상과 비교해 설명해야 데이터가 설득력을 가질 수 있다.

데이터 시각화에 줄거리와 상황을 잘 설명할 수 있는 스토리텔링을 입힌다면 조직에서 데이터로 소통을 아주 잘하는 사람으로 인정받을 수 있을 것이다. 특히 '상사들이 지시해서 그래프만 늘어가고 있어요.' '보고하면 반응이 시큰둥해요.'라는 고민이 있다면 스토리텔링에 더 관심을 가지길 바란다. 데이터 시각화와 스토리텔링은 데이터에 숨어 있는 통찰을 공유해 의사소통을 촉진하는 등 최근 그 중요성이 더욱 커지고 있다. 따라서 조직에서는 시각화와 스토리텔링 역량 향상을 위해 더욱 많은 교육을 지원할 필요가 있다.

5.

데이터 시각화에 생성형 인공지능을 활용하라

  2022년 한국을 방문한 사티아 나델라 마이크로소프트 CEO는 "생성형 인공지능으로 만들어지는 데이터 비중이 0에서 10%까지 늘어날 것이다."라고 말하며 "생성형 인공지능은 앞으로 모든 제품과 경험을 시각화해 줄 것이다."라고 강조했다.[9] 그의 예고대로 2023년 3월 마이크로소프트사는 워드, 엑셀, 파워포인트, 아웃룩(이메일), 팀즈(협업툴) 등에 오픈AI의 챗GPT-4를 활용하는 MS 365 코파일럿Copilot을 공개했다.[10] 코파일럿은 부조종사를 뜻하는데 기장인 인간의 옆에서 보조하는 일종의 인공지능 비서라는 의미를 담았다고 한다. 비즈니스 실무에서 챗GPT 활용성을 높여 작업 시간을 획기적으로 줄이고 사용자의 시각적 경험도 확대해 나가는 전략이다. 코파일럿을 사용하면 이메일 초안을 써주고 화상 회의 내용도 정리해준다. 워드로 작성한 문서를 요약하여 편집해주고 파워포인트 윤곽도 뚝딱 만들어낸다.

특히 엑셀의 경우에는 파일을 불러와 '간단히 요약해줘' 하면 금세 요약을 해주고 '트렌드 좀 알려 줘'라고 하면 트렌드도 뽑아준다. 간단한 데이터 분석을 토대로 새로운 그래프를 그려주고 쉽게 색깔도 바꿀 수 있다고 한다.[11] 복잡한 함수식을 쓰거나 피봇이나 매크로를 설정하지 않더라도 사용자가 원하는 양식에 따라 바로바로 만들 수 있다는 것이다. 이렇듯 각종 업무용 소프트웨어에 생성형 인공지능이 활용될 경우 데이터 시각화도 지금보다 더욱 쉽고 다양하게 사용할 수 있을 것으로 전망된다.

최근 시각화 분야에도 이미지를 생성하는 인공지능의 바람이 뜨겁다. 그동안 일반인들이 사용할 수 있는 인공지능 텍스트-이미지 생성기가 거의 없었지만 2022년 7월 오픈AI의 달리DALL-E의 베타 버전이 출시됨에 따라 빠르게 확산되고 있다.[12] 달리는 일반인들이 무료로 쉽게 사용할 수 있다. 텍스트를 기반으로 질문하면 그림, 사진 등의 이미지를 생성해준다. 만들어진 그림에 사용자가 다시 '아기 사자춤'을 추가하거나 '자동차를 없애'라거나 '새벽으로 설정'하도록 요청할 수도 있다. 달리는 영어로 입력해야 한다. 문구나 문장이 완벽하지 않으면 이미지를 생성하지 않으니 명확하고 구체적인 문장을 넣어야 한다. 그림 「달리가 생성한 통계학자 플로렌스 나이팅게일 이미지」와 그림 「달리가 생성한 자전거를 타는 말 이미지」는 필자가 생성형 인공지능인 달리에게 '통계학자 플로렌스 나이팅게일'과 '자전거를 탄 말'의 이미지를 요청하여 만든 이미지들이다.

미드저니Midjourney 또한 가장 인기 있고 잘 알려진 인공지능 텍

달리가 생성한 통계학자 플로렌스 나이팅게일 이미지

Give me an image of "statistician Florence Nightingale"   Generate

달리가 생성한 자전거를 타는 말 이미지

Produce a picture of "a horse riding a bicycle".   Generate

제이슨 앨런 「스페이스 오페라 극장」[13]

스트-이미지 생성기 중 하나로 평가된다. '스페이스 오페라 극장 Theatre D'opera Spatial'이라는 인공지능 작품이 2022년 9월 미국 콜로라도 주립 박람회가 주최한 미술대회에서 우승을 차지하면서 미드저니는 세간의 큰 관심을 불러 모았다. 이 작품은 게임 기획자인 제이슨 M. 앨런이 인공지능 이미지 생성기인 미드저니를 사용하여 만들었다. 출품 당시에 미드저니를 활용했다는 사실을 밝혔지만 많은 사람이 인공지능의 작품임을 몰랐을 정도로 정교했다고 한다. 이로 인해 인간은 텍스트를 입력한 일밖에 없는데 이것을 예술로 볼 수 있을지 많은 논쟁이 유발되고 있다.

국내에서도 인공지능이 그린 그림이 『포춘코리아FORTUNE KO-REA』의 2023년 2월호 표지를 장식했다. 이 그림은 카카오브레인이 개발한 인공지능 아티스트 '칼로'가 그렸는데 국내에서 인공지능 아티스트 작품이 잡지 표지에 실린 건 이번이 처음이라고 한다.

원하는 이미지뿐만 아니라 상상 속의 콘텐츠까지 뚝딱 만들어주는 이미지 생성형 인공지능의 인기는 앞으로도 계속될 것으로 보인다. 당연히 시각화 분야에도 인공지능을 활용한 더욱 기발하고 다양한 콘텐츠가 쏟아질 것으로 보인다.

칼로가 구현한 『포춘코리아』의 2월호 표지 이미지[14]

데이터 중심으로 근본적인 변화가 필요하다

작년에 한 직원을 칭찬하고 점심을 사준 적이 있다. 작업 시간이 오래 걸리는 일들을 간단히 프로그램을 고쳐 직원들의 일을 크게 줄여줬기 때문이다. 보험 관련 신상품이 나오거나 상품을 개정하다 보면 보험료 산출이나 수익성 테스트를 위해 일이 한꺼번에 몰리는 경우가 종종 발생한다. 특히 수익성 테스트 소프트웨어를 돌리기 위해서는 보험료 테이블 등을 업로드해야 하는데 손이 많이 갈뿐더러 한 줄씩 올라가다 보니 시간이 엄청나게 걸렸던 모양이다. 이 직원은 며칠 고민한 끝에 새로운 함수를 찾아내서 한꺼번에 몇만 줄씩 올라가도록 간단한 프로그램으로 문제를 해결해버렸다. 그 덕분에 기존 작업 시간이 1~2시간에서 5분으로 줄었다고 하니 참 감사한 일이다.

직장 생활을 오래 하면서 일에 관해서 두 가지의 바람이 있다.

하나는 직원들이 정시에 퇴근할 수 있도록 업무가 효율화됐으면 좋겠다는 것이다. 또 하나는 각종 보고서에 실행 가능한 대안이 담겨 성과를 냈으면 좋겠다는 것이다. 이 바람을 해결한 해답은 바로 데이터 리터러시였다. 개인이나 직원들의 데이터 활용 역량이 높아져야 특근도 없어지고 올바르게 문제해결도 할 수 있다. 그렇게 하기 위해서는 데이터의 본질을 이해하고 분석의 올바른 관점을 갖고 데이터를 활용할 수 있도록 직원들의 역량을 높여야 한다. 그런 의미에서 틈틈이 데이터 리터러시 공부를 시작했고 책을 쓰게 됐다.

데이터 리터러시는 이제 조직이 중요하게 추진해야 할 필수 사항이 돼가고 있다. 과거에는 데이터라 하면 데이터 전문가나 전담 부서의 일로 인식됐으나 지금은 고객과 현장의 문제해결을 위해서 전 직원의 데이터 리터러시를 반드시 높여 나가야 한다. 이러한 역량을 비즈니스와 연결해 성과를 창출해야만 데이터 경제 시대에 경쟁력을 가질 수 있기 때문이다. 지금부터라도 변화를 만들어 조직의 모든 문화를 데이터 중심으로 바꿔 나가야 한다.

데이터 중심이라 하면 맹목적으로 데이터를 신봉하라는 게 아니라 데이터를 비판적으로 바라보고 이를 문제해결에 활용하는 문화를 만들어야 한다는 것이다. 우선 성공 사례를 발굴해 홍보하고 조직 내에서 데이터가 실제 사업 결과에 어떤 영향을 미치는지 쉽게 확인할 수 있도록 해야 한다. 또한 광범위한 데이터에 접근할 수 있도록 시스템과 도구 등 인프라를 구축하고 직원들의 평가, 보상, 교육에 힘써야 할 것이다. 데이터 리터러시를 성공적으로 향상한 조직은 이것이 반복적 프로세스의 결과라는 것을 잘 알고 있다. 작은 것부터 시작해 피드백을 통해 지속적으로 향상해 나가는 것이 좋겠다.

가트너는 "데이터를 언어처럼 배워라."라고 이야기한다. 언어는 현상을 추상화해 이해하고 여러 가지 추론과 사고, 의사소통을 가능케 하는 도구다. 비슷하게도 데이터는 문제해결을 위해 현상을 추상화해 이해하고, 다양한 추론을 거쳐 결론을 도출하고, 결론으로 타인과 소통할 수 있게 돕는 도구란 점 등에서 언어와 유사한 면이 많다고 한다. 우리가 모국어를 자유롭게 사용하듯이 이제 데이터도 모국어처럼 배워 능숙하게 활용해야 하는 시대다. 그러기 위해서는 다음의 사항은 반드시 머리에 넣어두자.

첫째, 문제해결 중심의 데이터 리터러시 관점을 가져야 한다. 데이터 리터러시를 데이터 속에 숨겨진 의미를 찾는 것으로만 이해한다든지, 수집한 데이터를 시각화하고 그럴듯한 결론으로 제시하고 마는 경우가 종종 있다. 중요한 것은 문제해결이다.

둘째, 문제해결을 위해서는 다양한 가설이 필요하다. 가설은 결론에 대한 것이기보다는 과정에 대한 것이어야 한다. 이때 강력한 가설이 되기 위해서는 하나의 궁금증에서 시작해 그 데이터를 보다 보니 다른 것이 궁금해지는 꼬리에 꼬리를 무는 가설일수록 좋다. 이렇게 다양한 관점에서 시작해야 잘못된 결론이 나오지 않는다.

셋째, 데이터 기초 분석 방법과 데이터 분석 도구 등에 대한 이해도 중요하다. 통계의 기초, 데이터 마이닝과 머신러닝에 대해 개념만이라도 알아두자. 상대방이 어떤 분석 도구를 썼고 통계적으로 어떤 기법들을 사용했는지 정도만 알고 있더라도 데이터 리터러시에 한발 앞서 나가는 것이다. R이나 파이썬과 같은 고급 분석 도구를 모두 다 배울 필요는 없다. 문제해결을 위해서는 때에 따라 엑셀이나 SQL로도 분석할 수 있다. 쉬운 것부터 시작해 자꾸 경험해보고 익숙해진 다음 고급 분석 도구에 도전하면 된다.

넷째, 데이터 시각화와 스토리텔링도 활용해 소통 능력을 높여보기 바란다. 본인에게 맞는 시각화 도구를 선택해 차트나 그래프를 자주 그려보고 위치나 색상도 강조해보고 하면서 이런 문제를 표현하려면 이런 기법이 좋더라는 것을 체득해야 한다. 또한 파워포인트를 활용해 차트나 그래프를 상황에 맞게 선택하고 거기에 맞는 설명 글을 자주 작성해보는 연습도 도움이 된다.

다섯째, 비판적으로 사고하고 분석의 시야를 넓혀야 한다. 데이터 분석을 통한 정답은 하나가 아니라 여러 가지가 있을 수 있으므로 입체적 사고가 필요하다. 자신이 생각한 아이디어와 수집된 데이터를 통해 알 수 있는 것들을 쭉 늘어놓고 비교되거나 반대되는 아이디어는 무엇이 있을까 고민해보는 습관을 길러야 한다. 그러기 위해 현업 업무 외에도 시장과 고객을 이해할 수 있는 마케팅, 심리학, 경영학 등에 대한 다양한 분야의 책도 읽어두면 도움이 될 것이다.

마지막으로 데이터와 함께 인공지능을 올바르게 활용하는 능력도 높여 나가야 하겠다. 이를 위해서는 인공지능 기술과 그 핵심 연료인 데이터에 대한 이해를 바탕으로 스스로 옳고 그름을 판단하는 능력을 갖추어 미래 경쟁에 대비해야 한다. 혹자는 인터넷 혁명, 스마트폰 혁명에 이어 인공지능 혁명이 시작되었다고 한다. 인공지능 발전으로 인한 세상의 거대한 변화 흐름에 뒤처지지 말아야 하겠다.

데이터 리터러시는 전문가들만을 위한 영역이 아니다. 데이터를 접하는 현업에 있는 실무자, 대학생, 주부, 청소년 모두가 올바른 관점과 필요한 역량을 갖추고 다양한 데이터를 기반으로 일상생활에서 문제해결 경험을 많이 쌓아가는 것이 데이터 리터러시를 높이는 지름길이다.

1부

1장

1. 통계교육원-통계의 창, 4차산업 시대에 필수능력 통계 리터러시, http://sti.kostat.go.kr/window/2018a/main/2018_sum_4.html

2. Greenbook, Will Smith: Good Actor and Even Better Business Man, https://www.greenbook.org/marketing-research/will-smith-business-man-06176

3. 강양석, 『데이터 리터러시』, 이콘출판, 2021.

4. 서울경제, 세제 개혁을 향한 세종의 집념, 2017. 8. 10, https://www.sedaily.com/NewsView/1OJP3V0BXQ

5. Collibra, What is data literacy?, 2022. 5. 12, https://www.collibra.com/us/en/blog/what-is-data-literacy

2장

1. PWC, 챗GPT, 기회인가, 위협인가, https://www.pwc.com/kr/ko/insights/insight-flash/chat-gpt.html

2. SAP 뉴스센터, 챗GPT 적용 사례, 업무영역, 산업, 비즈니스 모델 등, 2023.2.17, https://news.sap.com/korea/2023/02/%EC%B1%97gpt-%EC%A0%81%EC%9A%A9-%EC%82%AC%EB%A1%80-%EC%97%85%EB%AC%B4%EC%98%81%EC%97%AD-%EC%82%B0%EC%97%85-%EB%B9%84%EC%A6%88%EB%8B%88%EC%8A%A4-%EB%AA%A8%EB%8D%B8-%EB%93%B1/

3. YTN, [뉴스라이브] '척척박사' 챗 GPT에 부는 열풍…"누구냐 넌", 2023.2.16, https://www.ytn.co.kr/_ln/0105_202302161113317424

4. 내일신문, 챗GPT에 대해 착각하고 있는 것들, 2023.3.10, https://m.naeil.com/m_news_view.php?id_art=453797

5. ZDNET Korea, 머신러닝 대모 페이 리 "생성AI는 AI의 위대한 변곡점", 2023.3.8, https://zdnet.co.kr/view/?no=20230308103800

6. SK하이닉스 뉴스룸, "챗GPT로 이것까지 해봤습니다", 2023.3.9, https://news.skhynix.co.kr/post/use-evaluate-chatgpt

7. chat.openai.com, 2023.4.4, 15시 8분 입력 기준

8. chat.opemai.com, 2023.4.4, 16시 1분 입력 기준

9. BabyNews, 대화형 인공지능 챗GPT가 등장하면서 더 중요해진 것은?, 2023.3.6, https://

www.ibabynews.com/news/articleView.html?idxno=110168

10. 매일경제, 챗GPT 등 생성 AI 잘 쓰는 교육 필요…지식 격차 경계해야, 2023.3.14, http://
    stock.mk.co.kr/news/view/64178

3장

1. School Superintendent, Office of the Maricopa County, What's Your Data Literacy IQ?,
   https://schoolsup.org/txts-4-teachers/101618

2. The New York Times, What's Going On in This Graph?, 2023. 1. 12, https://www.ny
   times.com/2023/01/12/learning/whats-going-on-in-this-graph-jan-18-2023.html

3. Chantel Ridsdale et al., 『Strategies and Best Practices for Data Literacy Education Knowl-
   edge Synthesis Report』, 2015: 38, https://www.researchgate.net/publication/284029915_
   Strategies_and_Best_Practices_for_Data_Literacy_Education_Knowledge_Synthesis_Report

4. 카시와기 요시키, 『빅데이터 시대, 성과를 이끌어 내는 데이터 문해력』, 프리렉, 2021.

5. Berkely News, Are you data literate? New courses debut this fall, 2015. 8. 26, https://news.
   berkeley.edu/2015/08/26/data-science-class/

6. Qlik, The Data Literacy Index, https://www.qlik.com/us/-/media/files/resource-library/
   global-us/register/analyst-reports/ar-the-data-literacy-index-en.pdf?rev=988d7bbf8a154
   7878fca382a2f86dc2b

7. Statistics Canada, Data Literacy: What It Is and How to Measure It in the Public Service,
   https://www150.statcan.gc.ca/n1/pub/11-633-x/11-633-x2019003-eng.htm

8. Josh Bersin & Marc Zao-Sanders, Boost Your Team's Data Literacy, 2020. 2. 12, https://
   hbr.org/2020/02/boost-your-teams-data-literacy

9. McKinsey, Breaking away: The secrets to scaling analytics, 2018. 5. 22, https://www.mck
   insey.com/capabilities/quantumblack/our-insights/breaking-away-the-secrets-to-scaling-
   analytics

4장

1. All Access, https://www.allaccess.com/merge/archive/32972/infographic-what-happens-
   in-an-internet-minute

2. Russ Ackoff, 『From Data to Wisdom』, Journal of Applied Systems Analysis, Volume 16,
   1989, p.3-9, http://www-public.imtbs-tsp.eu/~gibson/Teaching/Teaching-ReadingMate
   rial/Ackoff89.pdf

3. 친절한 AI, 데이터란 무엇이며 왜 중요할까?- 정의와 활용, 2020. 4. 22, https://www.you
   tube.com/watch?v=nQtbSLt7G9I&t=1s

4. Serendipity, What is Climate Informatics?, 2012. 9. 21, https://www.easterbrook.ca/
   steve/2012/09/what-is-climate-informatics/

5. Sarah El Shatby, The History of Data: From Ancient Times to Modern Day, 2022. 6. 1,

https://365datascience.com/trending/history-of-data/

6. MDB, What is Data Utilization? Introducing the Benefits and How it can be Utilized in Different Industries, https://en.mdv.co.jp/column/article/05.html

2부

5장

1. Gartner, Information Governance, https://www.gartner.com/en/information-technology/glossary/information-governance

2. Samsung SDS, 인사이트레포트, 빅데이터로 가치를 만드는 호수 '데이터 레이크' 이야기, 2021. 7, https://www.samsungsds.com/kr/insights/big_data_lake.html

3. 최용경, 데이터 거버넌스와 데이터 관리는 어떻게 다를까?(DG의 8단계), 2022. 11. 14, https://www.grownbetter.com/article/201

4. 이코노미조선, 데이터 경쟁력 확보를 위한 기업의 3가지 대응 방향, 2022. 10. 16, https://biz.chosun.com/opinion/expert_column/2021/10/16/RH3C4EN765DSZLXCTE2VVL54K4/

6장

1. 비트나인 Graph it, 넷플릭스(Netflix)는 어떻게 내 취향을 분석할까?, 2020. 5. 27, https://bitnine.tistory.com/380

2. 세스 스티븐스 다비도위츠, 『데이터는 어떻게 인생의 무기가 되는가』, 더퀘스트, 2022.

3. AI타임즈, AI 솔루션, '영상 분석'에서 '질병 예측'으로 진화, 2022. 9. 30, http://www.aitimes.com/news/articleView.html?idxno=147080

4. Cheil Magazine, 메타버스를 움직이는 힘, 데이터에 주목하라!, 2022. 6. 15, https://magazine.cheil.com/51393

5. 한국인터넷지능정보사회진흥원, 2021 가명정보 활용 우수사례집, https://www.kisa.or.kr/20604/form?postSeq=23164&lang_type=KO&page=1

6. 현대자동차그룹, 자동차 산업에서 데이터가 점점 중요해지는 이유, 2022. 5. 26, https://www.hyundai.co.kr/story/CONT0000000000032963

7. Huyndai Motor Group Tech, 오픈 데이터 플랫폼, https://tech.hyundaimotorgroup.com/kr/mobility-service/open-data-platform/

8. 하버드비즈니스리뷰, 조마토 IPO에 글로벌 투자자들이 뛰어든 이유, 2021. 9. 24, https://www.hbrkorea.com/article/view/atype/di/category_id/1_1/article_no/478/page/1

9. ProjectPro, 10 Real World Data Science Case Studies Projects with Example, https://www.projectpro.io/article/data-science-case-studies-projects-with-examples-and-solutions/519

7장

1. Bar Ifrach, How Airbnb uses Machine Learning to Detect Host Preferences, 2015. 4. 14, 2017. 7, https://medium.com/airbnb-engineering/how-airbnb-uses-machine-learning-to-detect-host-preferences-18ce07150fa3

2. Jeff Feng, Erin Coffman & Elena Grewal, How Airbnb Democratizes Data Science With Data University, 2017. 5. 25, https://medium.com/airbnb-engineering/how-airbnb-democratizes-data-science-with-data-university-3eccc71e073a

3. Gary W. Loveman, Diamonds in the Data Mine, https://hbr.org/2003/05/diamonds-in-the-data-mine

4. Omnious.AI, AI가 패션 트렌드 데이터를 읽는 방법, 2021. 3. 22, https://omnious.ai/ko-kr/resources/aiga-paesyeon-teurendeu-deiteoreul-ilgneun-bangbeob

5. 패션포스트, F&F의 비밀 전략 '디지털트랜스포메이션', 2020. 4. 13, https://m.post.naver.com/viewer/postView.nhn?volumeNo=27977958&memberNo=1130561&vType=VERTICAL

8장

1. SAP 뉴스센터, 챗GPT 적용 사례, 업무영역, 산업, 비즈니스 모델 등, 2023.2.17, https://news.sap.com/korea/2023/02/%EC%B1%97gpt-%EC%A0%81%EC%9A%A9-%EC%82%AC%EB%A1%80-%EC%97%85%EB%AC%B4%EC%98%81%EC%97%AD-%EC%82%B0%EC%97%85-%EB%B9%84%EC%A6%88%EB%8B%88%EC%8A%A4-%EB%AA%A8%EB%8D%B8-%EB%93%B1/

2. Writesonic, ChatGPT for business: How to use ChatGPT in your business (Use-cases), 2023.2.3, https://writesonic.com/blog/chatgpt-for-businesses/

3. 언더스탠딩, [레전드모음] 챗GPT 완벽정리, 입문부터 심화까지 (솔트룩스 이경일 대표), https://www.youtube.com/watch?v=Tat4kwNjfYM&feature=youtu.be

4. eWeek, 제너레이티브 AI란?, 2023.3.7, https://www.eweek.com/artificial-intelligence/what-is-generative-ai/

5. 소프트웨어정책연구소, [AI Brief 특집호] 생성 AI : 스탠포드 HAI의 관점, 2023.3.7

6. 한국산업기술진흥원(KIAT), [KIAT 애자일 2023년 제 1호] 챗GPT, 생성형 AI가 가져올 산업의 변화, 2023. 3. 6

3부

9장

1. Dionysia Lemonaki, What is Data Analysis?, 2022. 5, https://www.freecodecamp.org/news/what-is-data-analysis/

2. Maven, '가설'을 지배하는 자가 빅데이터 분석을 지배한다, 2021. 10. 5, https://brunch.co.kr/@maven/162

3. 카시와기 요시키, 『빅데이터 시대, 성과를 이끌어 내는 데이터 문해력』, 프리렉, 2021.

4. 박경하, 매일 보는 데이터, 개념부터 활용까지, 교육 동영상

5. CODE STATES, 챗GPT란 | 사용법, 문제점, 가능성과 산업 전망, 2023.2.1, https://www.codestates.com/blog/content/%EC%B1%97gpt%EB%9E%80

6. 전자신문, [ET단상] 챗GPT와 인공지능의 일상화, 2023.3.19, https://www.etnews.com/20230317000121

7. 친절한 황사장, 챗 GPT4 사용법과 1%를 위한 사용 꿀팁 | 챗gpt ep.3, https://www.youtube.com/watch?v=udLxi-aCbD4

10장

1. Indeed Editorial Team, What Is Data in Business?, 2023. 3. 11, https://www.indeed.com/career-advice/career-development/data-in-business

2. 홈페이지 주소는 다음과 같다. 공공데이터포털(https://www.data.go.kr/), 국가통계포털 (https://kosis.kr/index/index.do), 서울시 열린데이터 광장(http://data.seoul.go.kr/), 주민등록 인구통계(https://jumin.mois.go.kr/), 지방행정데이터(http://localdata.kr/), 국가공간정보포털 (http://www.nsdi.go.kr/), 기상자료개방포털(https://data.kma.go.kr/), TourAPI(http://api.visitkorea.or.kr), 국가교통DB(https://www.ktdb.go.kr/www/index.do), 전력데이터 개방 포털시스템 (https://bigdata.kepco.co.kr/)

3. 김영욱, 여러분의 기업은 데이터 컬처(DATA CULTURE)인가요?, 삼성SDS 인사이트 리포트, 2022. 9. 21, https://www.samsungsds.com/kr/insights/data_culture.html

4. 매일경제, 빅데이터는 옛말, 이젠 '딥데이터'가 경쟁력, 2021. 11. 25, https://www.mk.co.kr/news/it/10114180

5. 김은석, 빅데이터 활용을 지원하는 수집 데이터의 가공과 정제, ICT Standard Weekly 제 1017호

6. 피터, 『당신을 야근에서 구해줄 무기 데이터 리터러시』, 비제이퍼블릭, 2022.

7. 이종석, 황현석, 황진석, 『빅데이터 비즈니스 이해와 활용』, 위즈하임, 2018.

8. 박재현, 데이터 관리 역량 부족 및 소비 패턴 변화 요인, IT데일리, 2021. 7. 14, http://www.itdaily.kr/news/articleView.html?idxno=203611

11장

1. 진선미, 데이터 분석의 6가지 방법, 2022. 4. 5, https://every-thing.tistory.com/215

2. 동아비지니스리뷰, 인공지능, 머신러닝, 딥러닝의 관계, DBR 285호, 2019. 11, Issue 2, https://dbr.donga.com/graphic/view/gdbr_no/7602

3. 다빈치랩스, 데이터분석과 통계, 머신러닝의 차이는? 2022. 3. 7, https://davincilabs.ai/blog/?q=YToxOntzOjEyOiJrZXl3b3JkX3R5cGUiO3M6MzoiYWxsIjt9&bmode=view&idx=10608836&t=board

4. Berkeley, School of Information, A Guide to Data Literacy: How to Interpret Data in Media, 2021. 12, https://ischoolonline.berkeley.edu/blog/beginners-guide-improving-data-literacy/

5. ACO BLOG, 통계의 함정을 극복하는 5가지 지혜, 2018. 12. 13, https://www.insilicogen.com/blog/299

6. 카시와기 요시키, 『빅데이터 시대, 성과를 이끌어 내는 데이터 문해력』, 프리렉, 2021.

7. PCguide, Can Chat GPT Analyze Data?, 2023.3.13, https://www.pcguide.com/apps/can-chat-gpt-analyze-data/

12장

1. tableau, 데이터의 아름다움: 역사상 최고로 꼽히는 10가지 데이터 시각화의 예, https://www.tableau.com/ko-kr/learn/articles/best-beautiful-data-visualization-examples

2. KDI, 코로나19 이후 변화된 삶, http://www.covid19board.kr/

3. Bernardita Calzon, Get Started With Business Performance Dashboards – Examples & Templates, Datapine, 2022. 12. 22, https://www.datapine.com/blog/performance-dashboard-examples/

4. 대한정신건강의학과의사회, https://www.medifonews.com/mobile/article.html?no=162516

5. 뉴스젤리, 주룩주룩 내린 장맛비, 데이터 시각화로 헤아릴 수 있다면?, 2020. 9. 2, https://newsjel.ly/archives/newsjelly-report/visualization-report/12840

6. 서양모·김원균, 『공간 빅데이터를 위한 정보 시각화 방법』, 한국공간정보학회지 v.23, no.6, 2015. 12.

7. 통계교육원, 통계의 창, 데이터 스토리텔링… 데이터에 스토리를 입혀라, 2017 WINTER, http://sti.kostat.go.kr/window/2017b/html/2017_win_7.html

8. KBS시사 유튜브 채널, 소멸의 땅: 지방은 어떻게 사라지나 [풀영상] I 시사기획 창 323회 (2021.04.04.), https://www.youtube.com/watch?v=rJi-lM36RdU

9. Digital Today, 생성 AI 데이터 비중 급증…모든 경험과 제품 시각화할 것, 2022.11.15, https://www.digitaltoday.co.kr/news/articleView.html?idxno=464879

10. 아시아경제, GPT-4가 PPT·엑셀 뚝딱…오피스 잡무 끝낼까, 2023.3.17, https://cm.asiae.co.kr/article/2023031711362619591

11. 안될공학, 꼭 보세요! 진짜 미쳤습니다. MS 오피스에 탑재된 GPT4가 엑셀, PPT 다 만들어줍니다!, 동영상, https://www.youtube.com/watch?v=wKTx_3da5Qs

12. PetaPixel, The Best AI Image Generators in 2023, 2023.2.15, https://petapixel.com/best-ai-image-generators/

13. SBSNEWS, [스프] 창작의 언덕에 오르는 인공지능, 2022.12.4, https://news.sbs.co.kr/news/endPage.do?news_id=N1006993647

14. 이코노미스트, "이걸 AI가 그렸다고?"···카카오브레인 칼로, 포춘코리아 표지 장식, 2023.1.31, https://www.aitimes.kr/news/articleView.html?idxno=27257

2030 데이터 리터러시 레볼루션

초판 1쇄 인쇄 2023년 4월 24일
초판 1쇄 발행 2023년 4월 28일

지은이 이재원
펴낸이 안현주

국내 기획 류재운 이지혜 **해외 기획** 김준수 **메디컬 기획** 김우성
편집 안선영 박다빈 **마케팅** 안현영
디자인 표지 정태성 본문 장덕종

펴낸 곳 클라우드나인 **출판등록** 2013년 12월 12일(제2013-101호)
주소 우) 03993 서울시 마포구 월드컵북로 4길 82(동교동) 신흥빌딩 3층
전화 02-332-8939 **팩스** 02-6008-8938
이메일 c9book@naver.com

값 19,000원
ISBN 979-11-92966-17-5 03320